나를 안아줄 시간이다

나를 안아줄 시간이다
홍시율 지음
고독한 자신을 위로해줄 사랑,
그리고 자유
시크릿하우스

저자의 글

나 자신을 위로하는 법

누구나 울고 싶은 순간이 있다. 이럴 때 누군가에게 위로를 받아야 하는데 어떤 방법으로 위로받을 수 있을지, 맞춤 위로를 선사할 수 있는 사람은 누군지에 대해 답할 수 있는 현실적 방법이 마땅치 않다. 타인의 위로가 가능하지 않은 오늘날 스스로 아픔을 치유하고 평화를 느끼며 더 나아가서 행복할 수 있는 길의 모색이 절실해진다.

이 책에서는 자유를 그 대안으로 제시했다. 누가 나

를 알아주지 않는다고 해도 내가 나를 사랑하고 안아줘야 한다. 지금까지 경험해보지 않은 외로움이 밀려오는 것에 대한 준비도 해야 한다. 이 책은 자유에 대한 방법론이 아니며 사랑을 이루면서 자유를 향하는 과정에 관한 글이다.

삶이 나를 속일지라도 상심이 커서는 안 되리라. 원래 삶이란 제멋대로 나를 재단하기에 내가 뜻하는 바와 같이 될 가능성은 별로 없다. 그로 인해서 인간은 좌충우돌하고, 자기 길을 걷게 되면서 괴로움이 생성된다. 시간이 내게 주문하는 것을 필요한 만큼 행하고, 나를 거부하는 부분에서는 적당하게 물러섰다가, 그래도 내 심상이 요구하는 곳을 향하여 조금씩 나아가다 보면, 결국은 그 경계

내에서 승리를 추구하는 과정이 삶이다. 삶이 내게 원하는 것은 일관성도 없고 사상적 줄기도 없는 것이지만 꽤나 그럴듯하게 논리적이고 집요하게 나를 뒤흔들어 놓는다. 내가 나다움을 형성해가는 과정에서 겪게 되는 자연스런 현상이므로 계속해서 나를 갱신해가야 한다. 그 불협화음의 책임조차 내게 떠맡겨지는 것도 숙명이다.

앞으로 바뀐 환경에 적응해서 살아가야 한다면 새로운 패러다임을 통해서 우리 자신을 변화시켜 생존과 행복을 추도해 나가야 한다. 우리를 감싸고 있는 지지부진한 삶의 관성을 뛰어넘어야 할 시기이다. 그래서 나 스스로 자유로울 수 있는 방법을 찾아내지 않으면 안 된다.

뉴노멀 시대의 언택트 라이프에 맞춰 각자의 길에서

중심을 잃지 않고 뚜벅뚜벅 걸어가야 한다. 나 자신을 위로하는 방법에 대한 답은 자유이다. 자유란 무엇인가. 싱싱한 자두를 한 입 깨물어 먹었을 때 단맛을 충분히 음미하는 데에서 느끼는 진정한 감사함이다. 관심 있는 사람의 온유한 눈빛의 반응으로부터 샘솟는 두근거림에서 생의 충만함이 다가올 때의 그 느낌이다. 고된 산행 중에 올려다본 하늘의 높고 푸름 속에서 자연의 신비로움이 와 닿았을 때의 경이도 자유이다. 또한 사랑의 과정에서 파생되는 고민을 너끈히 이겨내고 얻는 깨달음도 자유이다. 인간의 모든 여정은 자유를 향하여 열려 있다. 그렇지만 현실의 삶이 이러한 자유를 느끼지 못하도록 순간순간 나를 어지럽힌다. 그래서 자유의 참모습을 쉬이 지나치게 되고 어디엔가는 있다고 생각하여 항상 떠남을 꿈꾸게 되는 것이다. 분명 현실을 벗어난 곳에서도 자유를 느낄 수는 있다. 그러나 되도록 주어진 여건 속에서 자유를 접할 수 있도록 나를 훈련할 필요가 있다. 자유는 에너지이며 그 에너지를 충분히 받아들이는 것 또한 나의 과제이다.

생의 뜨거움을 배출할 시기에 있는 사람들이나 지난 뜨거움을 다독이며 자기 그림을 완성해가고 있는 사람들 모두에게 자기 치유와 위로의 방법으로 이 글을 준비했다. 내 인생의 세 여자, 격려와 우려 속에 평생 마음 졸이며 삶의 고난을 이어온 엄마 이용재 여사와 나를 반강제로 머슴살이를 시켰으나 결국은 그 세밀한 내용들이 나를 버티게 해준 사랑이라는 것을 깨닫게 해준 아내, 내 유전자 사본을 갖고 있는 에너지의 원천인 딸에게 감사한다.

그녀들의 사랑이 곧 나의 자유의 등불이었으며 힘들 때 말 걸어주는 위로의 샘물이었음을 언제나 느낀다.

2021년 6월

홍시율

차례

1장

일상으로부터의 자유

고통이 있기에 행복도 있다

자동차 바퀴의 타이어를 지지해주며 차축과 브레이크 드럼을 감싸고 있는 부분인 휠 캡의 디자인은 다양하지만 그 개수는 대부분 홀수로 만들어진다. 휠 캡 재료의 강도가 충분히 보장되는 오늘날에는 짝수 휠 캡도 나오기도 하지만 많이 적용하지는 않는다. 모든 재료, 혹은 재료의 구성물로 조립된 기계류는 고유의 진동수를 가지고 있어서 반복해서 구동시키다 보면 가장 취약한 부분에 균열이 생기고 깨진다. 이를 방지하기 위해서 대칭 구조를 만들지는 않는다. 물론 휠 캡은 하중을 많이 받는 부품은 아니어서 디자인 쪽에 더 신경 쓰는 것은 사실이다. 오늘날에는 차종에 따라서 휠 캡을 차체의 중요한 구조물로 인식한다.

기계의 부속품인 기어의 톱니도 홀수로 이루어진다. 반복적으로 작용하는 톱니의 하중을 분산시키기 위해서는 꼭 필요한 설계이다. 그런데 홀수조차도 그냥 홀수가 아니라 소수점으로 이어지는 홀수여야 한다. 서로 수없이 맞물려 돌아가다 보면 정기적으로 마주치게 되는 톱니들의 조합이 생기는데 이런 조건을 최대한 피해야 하는 것이다. 그래서 극도의 피로를 한 곳에 집중시키지 않으려고 가급적 딱 맞아 떨어지지 않는 수를 사용해야 한다. 공학에서는 기계진동학이라는 분야가 따로 있어서 단순한 구조설계로부터 로봇설계에 이르기까지 전 분야에서 이를 적용하고 있다. 우리의 일상생활에서는 뭔가 맞아 떨어지지 않는 느낌이 들면 그것이 무엇 때문인지 곰곰이 생각하다가 허술한 부분을 찾아내 보강하게 된다. 이럴 때 일의 아귀가 맞아 들어간다고 표현한다.

생활의 모든 부분은 아귀를 맞춰놓아야 할 것과 그대로 내버려 두어야 할 것으로 분류된다. 지금 맞추지 않는 부분은 훗날 어떤 시점에 이르러서야 맞추게 된다. 일도 주기가 있는 것이라서 지금 해야 할 것과 나중에 해야 할 일이 있다. 조바심에 주기를 앞당겨 마감해버리면 많은 문제점들을 예상해야 한다. 물론 인간은 불완전함 자체도 계획을 한다. 완전하게 아귀를 맞춰놓고 그것이 계속 그 상태로 있으면 좋겠지만 세상 일에는 변수가 너무 많아서 나중에 엉성하게 헝클어져버리던가 의미 없어지는 경우도 있다. 때로는 일부러 불완전함을 시도함으로써 나중에 해야 할 일을 따로 구상하기도 한다. 일의 마감을 늦춰 훗날의 이익을 도모하며 무료함을 달래기 위한 계획이다. 일은 조금 느슨하게 여유를 주면 나중에 다른 일의 실

마리가 생기기도 한다. 그래서 살아가면서 여러 가지 이유로, 혹은 필요에 따라서 불완전함을 추구하는 것도 지혜로운 일이다.

누구나 고통 속의 크나큰 행복보다 고통 없는 소소한 행복을 원하지 않을까. 일이 딱 맞아 떨어지지 않는 부분에서 고통은 생성되지만, 어쩌면 시간의 속성인 관계로 항상 제멋대로 배태되고 사라진다. 사회적인 업무가 아니라 개인적인 일이라고 해도 '내 맘 같지 않은' 부분에서 고통이 따라붙는다. 삶은 무위(無爲)의 세계가 아니라 유위(有爲)의 세계이기 때문이다.

인생은 아귀가 맞지 않는 부분에서 고통이 생성된다. 자동차 바퀴의 휠 캡 개수처럼 일부러 홀수로 변수들을 상정해놓고 스트레스를 줄이려는 노력을 하더라도 그것이 더 피로를 가중시키는 요인이 될 수도 있다. 삶은 고통을 전제로 계획되지는 않는다. 고통은 상수도 변수도 아닌 일종의 심리적 효과이다. 스트레스가 심할 거라는 예측이 있으면 에둘러 돌아갈 수는 있다. 또한 상식이 통하고 먹이 확보가 수월하며 법과 질서에 대한 신뢰도가 높은 사회라면 구성원들의 스트레스 지수는 낮게 나타날 것이다. 그렇지 못한 사회라면 구성원들 간의 치열한 알력도 두드러질 수밖에 없다. 심리적인 안정 속에서야 자잘한 실수들도 피하고 부적절한 말도 삭일 수 있으며 욕심도 합리적으로 자제되고 사람들 간의 마찰도 최소화하여 고립감도 완화된다. 그래서 많이 읽고 많이 깨우치더라도 어느 정도 나이가 들어서야 사람은 평화를 얻는 것이다. 나이가 들어도 깨닫지 못하고 반성도 없으며 자격지심과 의심과 오만만이 남았다면 답이 없는 경우이다. 결혼하고 애들 잘 키우고 집 장만해서 안정된 노후를 확보하는 것이 과제라고 한다면 이 세상 모든 사람들은 동일한 과제를 갖고 살아가는 것이다. 이 공통 과제들과 더불어 인생은 자기 스스로를 뛰어넘기 위한 노력 속에서 자기 개별 과제가 엿보인다. 자기를 멀리서 바라보지 못한다면 과제가 무엇인지 알 수도 없다.

계획에 없던 고통이 불현듯 다가올 때 그것을 뚝심 있게 인내하고 해결책을 찾는 과정에서 새로운 인생의 기회가 만들어지기도 한다. 그래서 기회는 위기와 함께 온다고 하는 것이다. 우리는 현재에 행복해야 한다는 말에 익숙해져 있다. 그렇지만 다양한 갈래로 이루어지는 삶에서 자기 행복의 우선순위가 있을 수밖에 없다는 것을 지적하고 싶다. 가장 중요하다고 생각하는 부분에 에너지를 집중하고 다른 부분은 점차적으로 행복지수를 끌어올린다. 행복은 사안별로 개별적으로 오기 때문에 갖고 싶은 물건을 산다고 해서 행복한 마음이 삶의 모든 피로를 풀어주지는 못 한다. 대부분의 행복은 일시적인 감동은 있지만 그 효과는 지엽적으로 찾아온다. 따라서 큰 과제의 완성에는 큰 행복이 작용할 것이다. 우리는 모든 부분에서 계속적으로 행복하기는 어렵다는 것을 알기에 일이 성사되는 주기에 맞춰 자기를 수련하며 행복을 받아들일 준비를 하는 것이다.

소소한 행복만을 꿈꾸며 기대치를 낮춰놓는다고 진정한 행복을 느낄 수 있을지는 개인마다 다를 수 있다. 누군들 처음부터 소확행을 꿈꾸고 싶겠는가. 현 실에 처한 상황이 그만큼 녹녹하지 않기 때문이다. 이미 충분한 인생과 다양한 경험으로 누적된 지혜들이 세상의 굴레를 떠나 자신만의 행복을 만끽하라고 조언한다면 그것은 시기 적절한 말이 될 것이다. 그러나 이제 막 시작하는 인생들에게 작지만 확실한 행복을 주문한다면 과연 그것이 시의 적절한 말일까.

아직도 많은 인생의 선배들은 가급적 멀리 보고 큰 꿈을 꾸고 어려운 일에 도전해보라고 말한다. 또한 치열하게 자신을 독려해가며 한발 한발 나아가는 모습을 행복이라는 무대에서 가장 중요한 덕목으로 꼽는다. 현실적으로 검증된 길을 따라서 간다거나 안정적인 직업을 권하는 것은 또한 현실적인 이유 때문이다. 삶의 고통을 고통으로서만 인지하여 견디는 데에 초점을 맞추는 경우는 없다. 그곳에서 내성을 기르고 새로운 꿈을 꾸고 행복의 씨앗을 품어 삶의 자양분으로 삼는다. 고통이 있기에 행복도 있다. 보다 정확하게는 고통을 통하여 행복이 인지되는 것이다. 일상적으로 고통과 행복은 섞여서 진행된다. 무조건 큰 길로만 가야한다는 뜻은 아니지만 처음부터 자신의 진로를 명확하게 그릴 수 있는 사람이 얼마나 되겠는가. 부딪치면서 느끼고 선택하면서 나아가는 것이다. 인생은 마라톤이다. 많은 상처를 받으며 전진하겠지만 껍질을 깨고 나오는 새가 자기를 되돌아보았을 때 단지 알껍질의 상처였을 뿐이라고 여기면서 담대한 모습으로 걸어가길 기대한다.

고통

고 통 은 사 람 을 강 하 게 만 든 다 .

그러나 고통으로 강해지지 못한 사람은 죽고 만다.

행복한 때는 우리가 고난을

어떻게 견딜 수 있는지 알지 못한다.

고난 속에서 비로소 우리는 자기 자신을 알게 된다.

_카알 힐티

새싹이 돋아나는 이치

소일거리 삼아 화초를 가꾸는 시간이 계속되면서 나 아닌 다른 생명체들에 대한 관심도 늘어간다는 사실을 가끔씩 실감한다. 강아지나 고양이를 반려동물로 키우는 사람들도 같은 이해를 동반할 것이다. 집에서든 직장에서든, 카페에서든 실내 공기 정화와 인테리어를 목적으로 화분을 들여놓고 화초를 돌본다. 자영업자들이 사업체를 새로 열면서 선물로 들어온 화초를 밖에 내놓아 추위에 얼어 죽는 것을 볼 때면 늘 안타까운 생각이 든다. 축하 문구가 새겨진 포장 매듭이 시든 화초와 대비되어 유난히 눈에 띄는 것도 볼썽사나운 일이다.

누군가에게, 혹은 무엇인가에 관심을 기울이는 행위는 인간의 삶 속에서 매우 중요한 의미를 지닌다. 누구나 자신의 삶이 관심받는 인생이기를 기대하지만 어떤 특정한 순간이나 그 이상의 조명은 연예인이나 정치인, 혹은 유명한 학자나 예술가들을 제외하면 평상적이지 않은 일이다. 그래서 인간에게 인정 욕구라는 것이 생겨났다. 사랑하는 사람에게 원하는 호응뿐만 아니라 사회적인 조명을 받으며 인기 있는 사람임을 확인하고 싶은 욕구는 늘 개인을 위축시키게 마련이다. 주변 사람들에게 인정받고 싶다는 마음으로 좋은 성과를 내기도 하지만 자칫 욕구에 대한 강박으로 자기를 속이거나 불건전한 길로 빠져들기도 한다. 그만큼 인간의 주체는 견고한 듯하면서도 주변의 시선에 쉽게 흔들리는 연약한 것이다. 독립적이면서 자기 주관이 뚜렷하고 미래에 대한 확고한 계획을 가지고 있는 사람일지라도 때로는 누군가의 조언이나 배려를 필요로 하는 시기가 있다. 그러나 어떤 사람들은 세상에 자신을 맞추려는 시도를 통해 스스로의 자존감을 지켜나가고자 한다. 외로움과 자존감, 혹은 인정 강박 등으로 사회적으로 물의를 일으키는 건전하지 않은 종교에 발을 디디게 되는 경우도 있다. 사실 동양 사회의 종교는 개인의 주체적 경험보다는 친분을 통해 추구되는 측면이 강하다.

개인의 자존감이 인정 욕구를 통해 지탱되는 것은 서양보다는 동양에서 더 두드러진다는 견해가 보편적이다. 그것은 심리학자 리처드 니스벳이 《생각의 지도》에서 말했듯이 "동양인들은 사회에 존재하는 수많은 상호의존적 단서들을 통해 끊임없이 유도되고, 서양인들은 독립적인 단서들을 통해 늘 점화된다"는 견해와 일치한다. 서구 교육을 받아온 세대들이 이미 기성세대로 편입된 지 오래

지났음에도 타인의 감정에 민감하게 반응하는 습속들은 여전히 남아있다.

사건에 대해 보다 종합적인 관점을 가진다는 것은 단점보다는 장점에 가깝다. 타인의 감정을 예측해서 언어를 표현하는 사회성 측면은 훨씬 더 안정적으로 진행된다. 문화심리학에서는 사건을 바라보는 시각 자체를 개별 속성에 대한 접근과 상황 요인들을 통한 접근으로 설명한다. 하지만 이는 타자에 대한 배려나 관심의 정도를 가늠하는 척도는 아니다. 그것은 개별 인격들의 성숙도에 따라서 세분되는 지극히 개인적인 동기에서 비롯되는 사항들이다.

그러나 타인에 대한 배려가 문화적 습속으로 작용되어 왔던 까닭으로 자기 행동에 대한 사회적 시각에 민감해질 수밖에 없는 것도 사실이다. 많은 장점에도 불구하고 타자의 시각에 반응하여 자율적으로 진행되는 개인의 선택이 주변 상황에 따라 과도한 영향을 받는다는 것은 분명

단점에 가깝다. 이것은 불필요한 규준 하나가 따로 작동되는 것이며 불편한 옷 하나를 더 껴입고 있는 것과 다름없다. 사회적으로 통용되는 경험을 개인이 거부할 수 있다는 생각은 사회 적응 측면에서 무리한 해석의 여지를 남긴다.

인정 욕구가 강한 집착을 낳음으로써 초래되는 개인의 감정 낭비는 창조적 삶을 방해하는 요소로 작용한다. 그래서 개인은 스스로 사회적 시각으로부터 방해받지 않으면서 사회의 규준을 무리하게 훼손하지 않는 적당한 완충지대를 설정하게 된다. 그럼으로써 자기를 보존하려는 노력을 기울여서 정서적 양극단을 피하고 스스로의 중심을 유지하게 된다.

이것은 오늘날 전통적 문화를 어느 정도 유지하면서 서구식 교육을 받아왔던 거의 모든 세대들에게 공통적으로 나타나는 현상이다. 또한 개별 문화에 대한 시각 차이가 큰 까닭도 개인별로 자기 자신에게 친근하거나 필요할 때 언제든지 자기를 숨길 수 있는 전통 문화의 범위를 각자 다르게 해석하고 있기 때문이다. 경우에 따라서는 이곳에서 치열한 논쟁거리가 생성되기도 한다. 타인의 감정에 대한 배려가 개별 인격 확충의 연장선에서 존재한다는 것은 사회적으로도 긍정적인 일이다.

타자에 대한 관심은 결국 자기 자신에 대한 애정으로 귀결된다. 우리가 누군가와 공감을 이룬다는 것은 자기 확장이기 때문에 연출되어진 공감이 개인의 아타락시아를 건드리는 일은 없다. 또한 타자에 대한 관심은 자아가 고독 속에서 결코 도달할 수 없는 정점에 대한 갈망에서 해방되는 출구이기에 개인에게 자유를 주며 집착과 결벽으로부터의 별리를 가져온다. 그러므로 주체를 보다 확충된 새로운 주체로 이행하는 중에는 타자에 대한 애정이 큰 비중을 차지할 수밖에 없다. 인간은 관심받기에서 관심주기를 함으로써 한층 더 성숙한 주체의 모습을 갖게 된다. 삶은 현실이기 때문에 전략적 애정이 개입할 틈이 생성되지만 이를 통해 확보되는 자아가 개인의 함량 충족에 일조하기는 어렵다.

타인에 대한 관심은 다양한 방법으로 나타난다. 가난하고 불편한 사회적 약자에 대한 배려가 공공정책의 한 틀로 자리 잡은 것은 다분히 따뜻한 자본주의나 개량사회주의라는 구체적인 방향을 제시함으로써 성립하는 것만은 아니다. 그 시대를 살고 있는 사람들의 목소리가 반영된 결과임으로 결과로 각박해지는 사회 현실에도 불구하고 그 우려에 대한 개인들의 의식이 사회 저변에 깔려 있다. 한편으로는 일반 시민들의 의식은 나 아닌 타인에의 관심 속에서 피어난다.

경직된 마음을 열고 슬픈 타자에 대해 눈을 돌리고 개인의 발전과 함량 확보를 추구하는 일에는 다단한 자극들이 촉매제로서 작용하게 된다. 그 자극들은 좀체 움직이려 들지 않는 자아를 향한 일침이기에 부드럽고 신선하게 다가오는 경우가 드물다. 대부분 개인 간의 충돌이나 사회적 압력, 혹은 마음의 고통을 거쳐서 배태되는데 이를 한발 물러서서 겸허한 태도로 자기를 바라보았을 때에야 새로운 시각이 열리게 된다. 자기의 변화를 거부하는 억센 고집으로는 삶의 중요한 기회를 얻지 못한다. 부술 것을 과감히 부수었을 때 내부에서 새 살이 돋아나는 이치와 같은 것이다.

사르트르는 책임의 각오가 수반되는 의식적인 마음가짐을 앙가제engager라고 했다. 이것은 자기의 말과 행동이 사회에 어떤 영향을 미치는 것, 혹은 관여하게 되는 것을 뜻한다. 개인에게 있어서 결혼을 하고자 하는 계획, 직장인으로서의 입사, 사회의 어떤 조직에 몸담았을 때의 상황, 아이의 임신 등 어떤 말이나 행위에 뒤따르는 책임과 참여에 대한 의식적, 무의식적인 동의는 스스로의 자유를 구속하지만 그것은 행복을 전제로 하는 자발적 구속이기에 적극적일 수 있다.

우리는 멋진 풍경이나 아름다운 예술작품, 영화나 오페라를 감상하거나 감동적인 이야기들을 접할 때 전율을 느낄 수 있다. 마찬가지로 자기 마음을 옮으로 해서 새로운 시각으로 세상을 바라보게 될 때에도 짜릿한 흥분을 맛볼 수 있다. 깨달음의 충격이 크면 클수록 카타르시스도 커진다. 주체는 보강되고 세상은 바뀐 나에 의해서 새롭게 구성된다. 한 개인이 사회의 크고 작은 모든 구조들을 일거에 바라보기는 힘들다. 큰 틀에서는 학문의 도움을 받으며 작은 틀들은 저마다의 경험 속에서 배양된다. 어떤 시각으로 바라보느냐에 따라서 세상은 얼마든지 가능성 있는 세계와 없는 세계로 나뉠 수 있다. 그 가능성에 대한 포기가 가져오는 암울한 미래는 개인의 시야를 한정시켜버린다. 또한 그 빈자리에 갖은 억측과 악설들이 들어차게 되며 개인의 책임감은 점차 빛을 잃게 된다. 고집을 버리는 것은 자존심에 상처를 줄 수 있는 일이지만 작은 자존심을 자제하면 큰 자존감으로 보상받을 수도 있다.

화초를 가꾸다보면 가장 감동적인 순간은 새싹이 나오는 장면일 것이다. 물론 꽃 몽우리가 맺고 꽃이 피고 새로운 가지가 나올 때에도 마찬가지지만 새싹은 모든 후속 변화들에 견주어서 가장 흥분되는 변화일 것이다. 몇 달 지나다보면 언제 이렇게 컸나 싶을 정도로 시간의 흐름을 실감하게 된다. 새싹이 움트는 모습은 어느 누가 보더라도 신비롭고 즐거운 일이 아닐 수 없다. 식물도 모든 인간과 마찬가지로 각각의 생김새대로, 자기 방식대로, 제 습속대로 다양한 모습을 하고 싹을 틔운다. 녹보수라는 실내 화초는 주된 가지의 양쪽으로 대칭이 되게 동시에 싹이 나오는데 그 모습이 흡사 여치의 어린 날개처럼 살며시 밀고 나온다. 인도고무나무는 잎이 돌돌 말아져서 싹이 나오는데 잎의 오른쪽 부분을 기준으로 왼쪽 부분을 서서히 펴서 손바닥만한 잎이 다 펴질 때까지 일주일 정도가 걸린다. 떡갈나무도 역시 잎을 말았다가 서서히 편다. 금전수는 가지에 달라붙어 있던 잎들도 동시에 자라다가 어느 정도 자라는 것을 멈추었을 때 잎들을 양쪽으로 활짝 편다. 대부분의 밭작물 씨앗들은 고개를 숙이고 뿌리의 힘으로 땅을 밀치고 나온다. 그리고 햇볕을 받아 고개를 든 뒤에 본래의 씨앗 한가운데를 양쪽으로 활짝 열고 잎싹을 파릇하게 선보인다.

사람 개개인이 타인에게 자기 마음을 여는 외양도 이와 닮아서 자기 방식대로의 고유의 형태를 띠는 독특한 모습일 것이다. 사람은 자기를 여는 만큼 더 커지고 세련되어지며 그 희열도 상당할 것이다. 앞으로 살아가야 할 날들 속에서 부족한 부분들도 활짝 개화되면 언젠가는 진짜 어른이 될 날이 있지 않겠는가.

관심

남이 당신에게 관심을 갖게 하고 싶거든

당신 자신의 눈과 귀를 닫지 말고

다른 사람에게 관심을 표시하라.

이 점을 이해하지 않으면 아무리 재능이 있고

능력이 있더라도

남과 사이좋게 지내기는 불가능하다.

_로렌스 굴드

경험이 없으면 의미도 없다

오랜만에 운동화를 주문했다. 한 번 사면 5~6년은 충분히 신고 다니는데 뒷굽이 닳아 큰맘 먹고 새로 주문하기로 했다. 등산화나 트래킹화는 운동화보다 발 치수를 5~10밀리미터 정도 더 크게 구입해야 무리가 없다. 브랜드마다 차이가 있을 수 있고 조금 두껍게 재단을 하기 때문에 주의 깊게 선택해야 한다. 특히 밀리미터가 아닌 인치를 사용하고 있는 나라에서 만들어진 제품은 실제 발의 치수와 차이가 크다.

내가 찾는 것은 등산화 겸 보행화인데 안나푸르나나 마테호른산을 등반할 것도 아니고 기껏해야 북한산이나 관악산, 또는 서울 근교의 7~8백 미터 고지를 찾는 데는 가볍고 질긴 것이 적당했다. 전문 등산화는 무겁고 잔돌이 많은 지역에서 감각이 제대로 전달되지 않는다는 단점이 있어 가볍고 마찰력이 좋은 제품을 선호한다. 물론 내 경우가 그렇다는 것이지 사람마다 달라서 정답을 말하는 것은 아니다. 하루 이틀이 아닌 오랜 기간의 산행이라면 당연히 발의 피로와 부상을 줄일 수 있는 발목까지 올라오는 것이 좋다. 신발을 주문하고 나니 아무래도 아내의 등산화가 맘에 걸렸다. 분명히 내 신발을 보면 자기 것도 사 달라고 할 것이기에 이번 기회에 같이 주문하기로 했다.

아내와 딸의 신발은 보통 1~2년에 한 번씩 사는데 특정 상표를 고집해서 지출의 규모가 다르다. 반면에 나는 길을 가다가 튼튼해 보이고 디자인도 무난하면 2~3만 원 대의 운동화를 고른다. 가끔 백화점 앞에서 할인하는 곳을 기웃거려 보지만 내게는 그림의 떡일 뿐이다. 그러다 나도 은근히 유명 제품을 신고 싶은 욕심이 생긴 것이다. 게다가 나만 시장표 신발을 사서 애지중지 몇 년씩 신는다는 것이 갑자기 불공평한 일이라고 생각되었다. 물론 누가 그러라고 시킨 것도 아니고 내가 자발적으로 선택한 일임에도 부러움이 인 것이다. 그래서 유명 브랜드 운동화를 주문했고 택배가 도착해서 포장을 열었는데 거기서 좌절을 한 번 맛보게 된다. 아내의 신발은 신청한 대로 와서 잘 맞았지만 내 신발은 한 치수가 작아서 발이 들어가지 않는 것이었다. 교환을 신청했더니 담당자에게서 전화가 왔다. 그분은 엄청 불쌍하고 가련한 목소리로 다음과 같이 말했다.

"죄송하지만 고객님께서 신청하신 신발은 재고가 없어서 부득이하게 취소 신청을 도와드려야 합니다."

265가 없으면 쇼핑몰에 올리지를 말았어야지 품절이 되었다고 260을 보내놓고 이제 와서 없다고 하면 어떡하란 말인가. 내 주제에 무슨 R사 신발을 신어본다고. 그냥 포기하고 취소 승낙을 해버렸다. 결국 아내 좋은 일만 시키고 말았다. 그러다가 우연찮게 다른 쇼핑몰에서 같은 신발을 동일한 가격으로 판매하는 것이 눈에 들어왔다. 사그라들었던 욕심이 다시 고개를 들어 얼른 신청하고 말았다. 그런데 역시나 이번에도 재고 부족으로 취소를 해야 하는 상황이었는데 270이 하나 있다는 표시가 보여 결국 덜컥 다시 주문하고 말았다.

욕심을 부리면 고생을 한다. 선택을 하려면 내 맘에 쏙 들어야 하는데 그러려면 여러 가지 조건이 맞아야 해서 더 힘들어진다. 더 이상 욕심내지 않기 위해 서두르는 과정에서 잘못된 선택을 한다. 이럴 때는 욕심 후퇴 전략을 사용해야 한다. 다른 무난한 것을 골라서 욕심을 연착륙시키는 것이다. 드디어 택배가 도착했고 이번에는 무사히 내 발에 안착했다. 한 치수 크게 신청한 것이 오히려 발에 맞았다. 이리저리 둘러보고 신어보고 벗어보고 했더니 옆에 있던 아내가 한마디 했다.

"신발 하나 가지고 왜 그렇게 유난을 떨어!"

매번 좋은 신발을 신어본 사람은 이 마음을 알 리 없을 것이다. 어쨌든 세상 일에 초연함을 견지하고 있었던 나에게도 물욕이 있었다는 것이 새삼 실감났다. 부자가 되려면 물욕도 필요한 것이라고, 욕심이 있어야 얻는 것도 있다고 했다. 어쨌든 내게는 지금의 즐거움이 중요하니까. 그런데 문제가 하나 생겼다. 새 신발이 맘에 들다보니 그동안 사용해왔던 서류 가방, 혁대, 지갑, 배낭 등이 엄청 허름해 보이기 시작했다는 것이다.

'이런 일이!'

내가 이렇게 간사한 사람이었던가. 일찍이 진중하지 못한 사람을 경계해 왔는데 나도 별반 다를 바 없는 존재였던 모양이구나 싶었다. 그렇다고 그동안 아무 문제없이 사용해왔던 물품들을 모두 바꿀 수는 없는 노릇이어서 나중에 좀 더 신경써서 바꾸는 것으로 욕심과 타협을 보았다.

예전에 기계가 인간의 노동을 대체하게 되자 노동자들이 기계에 나막신을 던져 가동을 중단시켰다는 일화가 있다. 그 나막신 이름이 '사보'여서 '사보타주sabotage'라는 말이 생겨났다고 한다. 욕심이 발동하면 무한정 뻗어나갈 것이기에 지체 없이 다 떨어진 운동화 한 짝을 방황하는 욕심에 던져 넣어야 한다.

소유는 욕망의 근원이다. 최소한의 의식주만으로 생활을 이어오다가 산업의 발달로 점차 생필품이 고급화되면서 차이를 통한 자존감을 형성시킨다. 덜 좋은 것을 갖게 된 사람들은 열등감을 느끼게 되고 부러움과 질투가 싹튼다. 갖지 못한 것을 갖기 위해서는 능력을 키워 소유를 추구하든지 무소유에 만족하든지 해야 한다. 소유에 초탈

한 사람일지라도 작은 자극에도 쉬이 욕망에 노출된다. 욕망의 출구를 극대화시키는 자본주의에 대한 비판은 사실은 누워서 침 뱉기이다. 스스로의 욕망을 통제하지 못하면서 제도로 내 욕망을 통제해 달라는 어리광이나 다름없으니까 말이다. 나는 내버려두고 이 사회를 어떻게 해야 한다고 말하는 것도 선민사상에 지나지 않는다. 나만 많이 갖고 나머지는 모두 평등하게 가졌으면 좋겠다는 비뚤어진 소유욕의 발로에 지나지 않는다는 것을 확인하기는 쉽다. 집단적인 힘을 사용하여 제도를 만들고 이익을 취하면서 다른 사람이 더 많이 갖고 있다고 옆 사람에게 손가락질 하는 이들이 언론에 자주 노출된다. 그러면서 나도 적당히 더럽기는 하지만 세상이 원래 그러니 어쩔 수 없는 일이라며 다수를 이해시키려고 한다.

욕망이 나쁜 것은 아니다. 나에게 맞지 않는 욕망이 나쁜 것이다. 그것은 생존 본능의 가장 가까이에서 자기 삶의 방향을 일차적으로 지휘하는 곳이다. 그런데 이곳이 자기 용량을 초과하여 통제가 안 되는 경우가 생긴다. 욕망을 제어하는 상위 지휘소는 이성인데 이성도 때로는, 혹은 자주 욕망에 동조함으로써 실리를 챙기려고 한다. 그것이 반복되면 이성 또한 욕망에게 잠식당한다. 욕망이란 바이러스가 이성을 점차 마비시키면 오히려 이성은 좌절하기는커녕 욕망의 하수인 노릇을 하게 된다. 이때 정신 차리라는 신호를 보내는 것은 이성의 주인인 자아의 양심이다. 급격하게 기울어져서 스스로를 침몰시킬지도 모를 인격이란 배를 바로 세우려고 한다. 손해 보는 것을 싫어하지만 그렇다고 정도를 벗어난 욕망이 개인의 균형을 무너뜨리는 것을 용납하지 못한다. 훨씬 더 많은 것을 잃을지도 모를 위험 앞에 브레이크를 거는 것이다.

변덕이란 선택의 불완전성을 보강하기 위한 사유의 결실이다. 이 또한 욕망처럼 나쁜 것이 아니다. 개인 균형의 기울어짐은 마음의 불편함으로 즉시 나타난다. 이를 보정하려면 선택을 수정해야 하는데 중도에 여러 번의 기회를 가질 수 있는 선택도 있지만 단 한 번의 기회밖에 없는 선택도 있다. 결정된 선택을 변경하려면 이해 당사자의 동의를 구해야 한다. 이해 당사자들에게도 여러 가지 사정이 있어서 몇 단계를 통해서야 선택을 갱신할 수 있다. 아주 긴요한 일의 변경조차 늘 일상적인 것임에도 사람 사이의 신뢰라는 것이 자주 번복하다 보면 연결고리가 약해진다. 행동은 마음을 따라가는 것이라고 해도 잦은 변덕은 무해하지가 않다. 변덕이 과하면 신뢰를 잃고 관계가 어그러진다.

인간의 마음은 쉴 새 없이 변덕을 부린다. 이걸 살까 저걸 살까, 전화를 할까 말까, 괜찮은 화초를 골랐더라도 아까 옆에 있던 것을 골랐으면 더 잘 어울렸을 텐데 하고 후회한다. 관계에 엮이지 않은 변덕은 마음의 불편함만 있고 일이 번거로울 뿐이지 누구에게도 해를 끼치지 않는다. 그러나 타자가 개입된 상태에서의 변덕은 나의 평판에 영향을 미치고 인격에도 흠을 가져온다. 그래서 손해

인 줄 알면서 계약을 유지하는 경우도 생긴다. 그래서 한 번의 선택에 신중을 기해야 한다. 가장 난처한 경우는 물건의 품질이 아니라 나와의 조화가 이루어지지 않는 데에 있다. 그렇다고 내 체형과 어깨선, 발 모양, 피부 톤을 탓할 수는 없다. 무엇을 입든 잘 어울리는 사람도 있지만 명품이라도 어색한 사람이 있다. 그래서 차라리 쓰던 것을 가급적 오래 사용하는 것을 선호한다. 좋아하는 색깔도 있지만 내게 잘 맞는 것은 따로 있어서 사놓고도 전전긍긍하게 되는 일도 생긴다.

변명은 자신의 행위에 대한 당위성을 주장하는 설명이다. 설득력이 있고 없고에 따라서 이해 당사자의 추인이 결정되지만 굳이 그것을 목적으로 하지 않을 때도 있다. 의심을 해소하는 데는 역부족이라고 해도 진심은 통하게 마련이다. 그러나 현실은 그렇게 수월하지 않다. 너무 많이 속아왔기 때문이다. 변덕은 욕망의 발로이고 선택을 그 도구로 사용한다. 모든 욕망은 선택을 예정하는 선전포고 행위이다. 비록 스스로 알아차리지 못했더라도 순간의 생각을 눈에 스냅 사진처럼 저장해 놓은 상태라면 언젠가는 내 선택에 영향을 미칠 것이다. 선택 행위의 기준에는 좋은 것, 필요한 것, 꼭 필요한 것, 절실히 필요한 것이 있다. 마음이 간다는 것은 본능적으로 느끼는 인간의 감각이 자극을 받았기 때문이지만 경험을 통해서 얻은 분석이 이를 추인함으로써 이루어지기도 한다.

본능과 경험의 합작품이 곧 마음이다. 본능에 끌리지 않는다면 경험에 의지해야 하는데 그마저도 부족하다면 타인의 경험을 의지해야 한다. 부족한 것은 유추해낼 수밖에 없다. 그럼에도 불구하고 확신이 들지 않는 경우에는 모험을 하게 된다. 확신에 의한 선택이든 모험에 따른 선택이든 인간은 자기 행위에 대하여 책임을 진다. 확신으로 인한 선택이 나를 배신하는 상황도 있고, 단지 모험이었을 뿐인데도 찬사로 이어지는 경우도 있다. 그래서 확신과 모험의 중간에 있는 직관을 사용하기도 한다.

사람들은 흔히 절대적 직관은 없다고 말하기도 한다. 자신이 기억해내지 못하는 경험과 추론들이 무의식 속에 도사리고 있다가 튀어나오는데 대부분의 사람들은 종종 이것에 의지한다.

직관을 통한 선택이 반드시 옳지 않음에도 신뢰하는 데에는 어쩌다 한번 잘 맞았던 경험이 머릿속에 남아 있어서다. 이것은 동전 던지기와 같은 모험적 선택보다는 합리적일 거라는 판단에서 기인한다. 직관은 미래의 내가 과거의 나에게 보내는 내밀한 신호도 아니며 신의 입김이 작용하는 예정된 의식도 아니다. 목적을 위해 자기 직관을 왜곡시키는 능력도 인간에게는 존재한다. 현재의 명확한 인식도 내 의식의 외곽으로 서서히 밀려나다가 갑자기 직관으로 탈바꿈되기도 한다. 직관은 과거의 명확한 인식과 무의식적인 계산이 나의 성향에 반영된 결과라고 해야 할 것이다. 인간의 욕망은 직관에도 은근슬쩍 자기 흔적을 새긴다. 명확한 인식은 세월이 지나 다듬어지고 둥

그스름해져서 점차 나의 성향에 맞게 자리 잡을 것이므로 입력할 때와 출력할 때 차이가 발생한다. 기억력의 한계와 내 삶의 관성이 인식을 왜곡시키는 현상은 나이가 들어갈수록 더 심해질 것이고 급기야 정반대로 튀어나오기도 한다. 그렇다고 하더라도 우리는 모험보다는 훨씬 세련된 방법으로 그것을 추종한다.

욕망이 본능이라면 경험은 필터와 같다. 모든 욕망은 자기 경험을 통과함으로써 실현 가능성을 예측하는데 욕망이 과도하면 경험을 무시하게 된다. 우리는 그것을 의지와 용기라고 배웠다. 하지만 일정 부분 의지와 용기가 결여된 욕망만의 상태로 우리 몸을 빠져나가는데 이것을 일탈이라고 일컫는다. 경험이 세밀하고 주체적일수록 인식이 고양되고 삶의 지각은 깊이를 더한다. 그런데 행복의 추구와 성취가 욕망만으로 추진되지는 않는다. 욕망이 설득력을 갖기 위해서는 반드시 의미를 반영시켜야 한다. 의미를 찾게 되면 드디어 욕망은 자기에게, 혹은 타인에게 인정받는다. 바슐라르는 욕구란 결핍된 것을 채우기 위한 본능적이고 생리적인 것이지만 욕망은 욕구 위에 모자란 것을 더 쌓으려는 정신적인 요구라고 말했다. 종교에서도 욕구는 한정적이고 욕망은 무한정한 것이기에 욕구를 줄여나가면 욕망도 점차 자제된다고 말한다.

욕망에는 열등감이 상재하지만 욕구에는 그것이 없다. 열등감에 의미를 부여하면 의지가 되기도 한다. 의미라는 인식의 줄기를 마련하기는 그리 어렵지 않다. 우리는 소위 '갖다 붙인다'라고 표현하는데 해석의 주도권을 쥐고 있는 본인 스스로 어떤 거창하거나, 아니면 소박한 이유를 드는 것으로써 의미는 나름의 역할을 맡는다. 같은 행위라고 해도 최초의 의미와 나중의 의미가 달라진다. 의미를 부여하는 이가 새로운 시각을 통해 원래의 의미를 보강했기 때문에 나타나는 현상이다. 인간이 가지고 있는 다양한 심리기제 중의 하나인 합리화의 영향이다.

그런데 왜 의미는 갱신되는 것일까. 그것은 경험이 보강되었기 때문이다. 새로운 경험을 통하여 예전에 느끼지 못했던 문제의식, 해결능력, 사회적 시각과 사람을 해석할 줄 아는 깊이가 달라졌기 때문이다. 현재의 시각으로 과거의 의미는 확충된다. 타인의 경험으로 인간은 보다 현명해지기도 하지만 자기의 경험으로 얻은 깨우침조차 시간이 지나면 퇴색되고 심지어 잊어버리기도 한다. 경험은 인식에 계속 머무르지 못하고 시간의 모래 속에 쓸려나간다. 새로운 의미를 심어줄 새로운 경험이 필요한 것이다. 의미는 고통 속에서 태동되고 고통이 인간을 만든다. 경험이 없으면 의미도 없다. 관념적으로 정립된 나의 시각은 경험 없이는 공허한 것이다. 경험 속에서 느끼는 진솔함이 나만의 독자적인 의미가 된다. 그리고 경험 속에서 욕망은 정제되고 선택된다. 욕망의 자제와 더불어 자기 자신을 제대로 아는 것에서 평온이 존재한다.

등산 배낭을 새로 살지 말지, 25리터를 살지 28리터를 살지 고민하고 있지만 차라리 선택하지 않고 이 상태를 즐기는 것도 나쁘지 않으리라. 사실 정신없이 바쁘면 욕망도 발현될 기회가 줄어든다. 사는 것과 사지 않는 것의 중간 상태에 머물면서 긴장을 유지하는 것도 효과가 있으니까. 어쩌면 욕망이 제 풀에 꺾여 스스로 지쳐버릴지도 모르지 않겠는가.

욕심

사람을 망치는 것에는
여러 가지 큰 이유가 있는 것이 아니다.
지나치게 사리사욕에 사로잡히면
억센 기상이 꺾이고 명민하던 지혜도 흐려지고
결백하던 마음도 더러워진다.
남에 대한 은혜도 모르고 냉혹하게 되어
그 평생의 인품도 깨뜨려지고 만다.
그래서 현명한 사람은
지나친 이익을 탐하지 않는다.

_채근담(菜根譚)

우리 옆집에 회계사가 산다

비가 부슬부슬 오던 날 옆집에 어릴 적 친구가 이사를 왔다. 초등학교 때 키는 좀 작았고 공부를 잘했는데 언제나 혼자 있기를 좋아해서 주변에 친한 친구들은 거의 없었다. 그래도 가끔 하교 길에 마주치면 그 애 집까지 같이 걸어가며 도란거리기도 했었는데 삼십 몇 년이 지난 어느 날 이웃이 된 것이다.

밖에 비도 오고 베란다 화초에 물을 주

고 나서 빈대떡을 사러갈까 생각하고 있었는데 현관 밖이 시끄러워서 내다보니 이삿짐이 도착하고 있었다. 이사할 때 비가 오면 부자가 된다거나 눈이 내리면 장수한다거나 하는 말들은 기분 나빠하지 말라고 의례적으로 하는 말이지 정말 그렇겠는가. 그래도 덕담으로 건네는 정도는 괜찮다고 본다. 그 말이 정말 맞는다면 이사할 때 천둥과 번개 치면 로또라도 되어야 하지 않겠는가. 우박이라도 내린다면 더 좋을 테고. 하여튼 누군지 고생 좀 하겠구나 생각하고 집을 나오는데 1층 엘리베이터 앞에 서 있는 사람의 얼굴이 영 낯설지가 않았다. 한 번 더 힐끔거린 뒤에 홀을 빠져나왔다.

사회생활을 어느 정도 하면 주변 사람들 얼굴이 익숙해져서 전혀 다른 사람이라도 비슷하다고 느껴질 때가 많다. 그렇다고 그들이 모두 혈연관계는 아니지만 말이다.

첫눈에 서로를 알아본다는 얘기가 있다. 그건 서로

가 가지고 있는 특정한 경험들이 공유되는 느낌이라고 할 수 있다. 얘기도 안 해보고 어떻게 그것이 가능할까. 대상을 바라보는 행위는 자기 조화의 연장선 위에 존재한다. 내가 가지고 있는 다양한 해석 능력 중의 하나가 발동하고 그 상황에 적합한 도구를 꺼내들게 되는데 이것이 같은 것이고, 대상을 바라볼 때 느끼는 개인의 고양된 감정 상태와 에너지 사용량이 동일하다는 의미이다. 특별한 경우를 제외하고는 타인을 만나면 서로 융화하려는 목적으로 의식적 무의식적으로 공통점을 찾게 된다. 얘기를 해보지 않더라도 이미 준비된 주파수가 공명을 일으키는 것이다.

일생을 살면서 계속되는 선택이라는 것도 두뇌의 의식 작용이기는 하지만 눈의 자각능력이라고도 할 수 있지 않을까. 눈은 단순한 렌즈이기보다는 두뇌와 동일한 역할을 하는, 그러면서 두뇌보다 더 먼저 본능적으로 지각하는 특별한 기관은 아닐까. 물론 해부학적으로 눈은 뇌와 신경망으로 연결되어 있을 뿐이다. 모든 해석은 두뇌가 하는 것이다. 그럼에도 불구하고 두뇌는 눈이 보는 대로 해석한다. 심지어 눈을 감고 있더라도 두뇌 활동이 활발하면 눈도 피로해진다는 것을 알고 있다. 눈과 두뇌는 단일한 집합체이다. 두뇌는 눈이 보지 못하는 것을 개별적으로 유추해 낼 수 있지만 적어도 우선순위는 눈이 본 것이다. 인간이 가지고 있는 사고의 입력계로서 눈이 존재한다기보다는 오히려 눈이 판단하는 기관이라고 느껴질 때가 많았다. 두뇌의 작동 방식은 눈에도 적용되어 보는 대로 따라간다. 그렇다면 두뇌의 각 부분 중에서 시각 영역을 담당하는 후두엽은 대뇌에 속하는 기관이기보다는 안구운동과 동공반사의 중뇌와 더불어 오히려 눈에 부속하는 기관이라고 해석하면 어떨까. 사람들은 가끔 자기 눈을 믿지 못하고 의심하기도 하지만 눈이 거짓말을 할 리는 없고 해석이 과거의 지식을 덧붙이는 과정에서 왜곡이 발생하는 것이다.

우산을 쓰고 터덜터덜 시장을 향하고 있었는데 드디어 생각이 났다.

'그 놈이다!'

그 시절의 기억으로 친구와 나는 이상하게도 공감을 이루지 못했다. 사이가 나빴던 것은 아니지만 내가 무슨 얘기를 하면 항상 토를 달았고 비판적이었다. 친구도 없는 놈에게 나라도 친구가 되어줘야겠다고 생각하고 말을 걸면 그냥 무시했었다는 경험도 복기되었다.

그래도 이제 중년이 되었으니 서로의 성향이 다르다고 해도 벗하며 지내면 되겠거니 생각했다. 그런데 그 친구는 예나 지금이나 변한 게 없다는 것이 문제였다. 여전히 조소적이고 세상 보는 시각이 나와 달랐다. 물론 개인적으로 봤을 때는 괜찮은 사람임에도 불구하고 편협한 천재의 특징은 여전했다. '그동안 어떻게 지냈니?' 하고 물으면 건강하게 잘 지냈다고 얘기하면 그만인 것을 '뻔한 걸 뭘 물어!' 라고 퉁명스럽게 되받는다. 그래도 얼굴에는 반가움이 가득 묻어나서 악수를 나누며 잘 지내자고 인사했다. 그리고 쉬는 날 뒷산에 등산이라도 다니자고 약속까지 했다.

사람은 겪어봐야 알지만 겪어봐도 모르는 것이 사람이다. 인간적으로 좋은 사람이라고 하더라도 매사에 자기에게 이익이 되는 합리적인 방향을 선택하기 때문이다. 그 선택의 과정 속에 어떤 기준을 적용할지는 자신도 타인도 알지 못한다. 개인의 덕성을 위배하지 않는 이익 추구와 이익의 선점을 기반으로 하는 덕성 추구의 결과는 몹시 다르다. 소탐대실이라는 것도 어떤 것을 큰 것으로 보느냐에 따라서 해석이 달라진다. 설마 그렇게까지 판단 기준이 다를까 생각되지만 정말로 특이한 사람들도 많다.

그 친구는 직업이 회계사라고 했다. 글 쓰는 나와는 아무래도 성향이 다를 것이다. 친구는 예전에 산수를 잘했고 나는 국어를 잘 했다. 친구는 그림을 잘 그렸는데 찰흙 조형 같은 공예는 내가 더 뛰어났다. 둘 다 운동 신경은 별로여서 축구를 할 때면 둘 모두 주로 수비를 보았다.

어느 날 근처에서 꽤 맛있다고 소문난 주꾸미 집에 마주 앉았다. 주꾸미에 고추냉이를 곁들여 먹으면 좋을 것 같아서 따로 주문을 했다. 역시 탁월한 선택이다. 고추냉이는 회뿐만 아니라 어묵이나 육류 등에 접목하면 특유의 매운맛이 음식의 풍미를 더해주고 잡내를 중화시키며 혀에 주는 짜릿한 자극이 입맛을 돋게 한다. 그때 갑자기 와사비에 대해 설명하고 싶은 욕구가 들었다.

"이 고추냉이를 정제한 것이 와사비야. 고추냉이의 일본식 이름이지."

그러자 친구는 대뜸 내 말에 정색하며 톤을 높였다.

"무슨 소리야, 고추냉이는 고추냉이고 와사비는 와사비지."

"허 참! 그럼 와사비는 뭘로 만들어?"

"당연히 와사비로 만들겠지."

"그게 고추냉이라니까. 우리나라는 보통 뿌리를 갈거나 빻아서 사용하고, 일본은 말려서 가루를 낸 다음에 몇 가지 재료를 더 섞어서 물을 개어 쓰지."

이런 반응은 예상하지 못했는데 일부러 어깃장을 놓는 것이 아니라 진짜 그렇게 믿고 있다는 태도여서 적이 당황스러웠다. 예전부터 약간 불편한 친구였는데 아직도 여전히 똑똑한 체를 했다.

"고추냉이 원산지는 일본이라고 알려져 있지만 울릉도에도 예부터 자생하는 고추냉이가 있어서 정확하게는 한국과 일본이 원산이지. 재배는 지금 여러 나라에서 하고 있는데 유럽이 원산지인 서양 고추냉이도 따로 있어."

그러자 이번에는 친구가 목소리 톤을 높였다.

"고추냉이와 와사비는 학명이 달라서 아예 다른 종이야."

내가 말을 하고 있는 사이 친구는 휴대폰을 뒤적거리더니 아주 단호한 목소리로 내게 말했다. 나도 찾아낸

웹페이지를 드래그하며 보여 주었다.

"그건 옛날 문헌상에 나타나 있는 토종 '고초냉이' 가 있는데, 현재 표본으로 남아있는 걸 참고추냉이cardamine koreana라고 따로 등재한 것을 말하는 것이지. 고추냉이의 학명은 wasabia japonica라고 여기 이렇게 나와 있잖아!"

하지만 친구는 그 사이 다른 페이지를 찾아서 내게 내밀었다.

"여기에는 국가 표준 식물 목록을 기반으로 와사비와 고추냉이의 학명이 다르게 쓰여 있어!"

자세히 살펴보니 역시 예전 문헌상의 고초냉이를 참조하여 참고추냉이라고 분류하면서 생긴 어원상의 문제였다. 과거 식물학계에서 분류한 것을 기반으로 고추냉이와 와사비를 다른 종이라고 결론 내린 것이다. 억지로 외래어를 우리말로 순화시킨 것이 아니라 분류학자 입장에서는 그 실체에 대해서 당연히 정리를 해야 할 의무를 다한 것이다. 물론 와사비가 고추냉이라면 고추냉이로 와사비를 만들든, 와사비로 와사비를 만들든 똑같은 말인 것이다. 우리는 감정싸움을 하며 그렇게 티격태격 한 시간 이상을 그렇게 보냈다.

글을 쓰는 나는 당연히 고유명사인 고추냉이를 기준으로 와사비를 비교한 것이고, 회계사인 친구는 대명사격으로 사용하고 있는 와사비를 중심으로 비교한 것이다. 맛있는 음식을 앞에 두고 실속 없는 얘기를 하고 있자니 맛만 반감시키고 말았다. 그냥 갈거나 빻아서 사용하는 것을 고추냉이로, 가루를 개어서 사용하는 것을 와사비로 부르면 되는데 말을 하는 사람의 입장에서는 단어를 선택할 때에 그 단어에 묻어있는 개인의 정서가 고집을 형성하기도 한다.

대상을 앞에 놓고 회계사는 정량적 분석을 하고, 작가는 정성적 분석을 한다. 회계사에게는 명쾌한 수치가 중요하지만 작가에게는 보다 정확한 이미지가 중요하다.

회계사는 세상을 숫자로 읽지만 작가는 세상을 글자로 읽는다. 회계사는 숫자를 통해 세상을 보고 죽은 뒤에도 숫자를 남긴다. 작가는 글자를 통해 세상을 해석하며 죽은 뒤에 글자를 남긴다. 회계사의 숫자는 완벽을 지향하고 작가의 글자는 생소함을 추구한다. 인간은 모두 완벽과 불완전함 사이에서 쉼 없이 요동치는 유전자들이고, 그 삶의 양태는 언제나 흔들림이다.

어쨌든 마무리는 잘 끝나서 나중에 막창 전문점에 같이 가자고 하니 친구도 흔쾌히 그러자고 했다. 막창 가게는 주인 아주머니가 일일이 정성껏 손을 보고 계셔서 음식과 부속 재료의 비율이 아주 잘 맞았다. 그리고 양념으로 사용하는 재료의 두께가 맛을 최적화할 수 있을 정도로 완벽한 디테일을 가지고 있었다. 그 집의 특징은 막창을 찍어 먹는 막장 소스가 특별하다는 데에 있다. 공부를 단단히 해서 친구의 코를 납작하게 만들어주어야겠다는 각오가 슬그머니 이는 순간 나 또한 상대방의 입장에서 보면 모난 구석이 많아 보일 수 있다는 것을 알아차렸다.

같은 감정을 공유하고 있음에도 쉽게 화합하지 못하고 샅바싸움을 하게 되는 이유는 뭘까. 서로 외로움에 시달리고 대화를 나눌 사람이 필요한데도 손 내밀기 힘든 이유는 타인과 가까워짐으로써 다가올 또 다른 불협화음에 대한 두려움 때문에 거리를 두려는 자기 방어적인 본능 때문이다. 내가 상처받는 것이 두렵기 때문에 필요할 때 움츠러들 수 있는 칸막이를 만들고 불필요한 자극을 받지 않으려는 본능이 나오는 것이다. 이것은 삶의 부단한 경험들이 축적되어 생성된 무의식이 내 상념의 외피를 두르고 있어서다. 안전의 욕구는 본래적이지만 잃어버리는 것 또한 나타난다. 많은 순간 내가 밖으로 뛰쳐나갈 수 없도록 울타리를 형성하고 타인과의 적극적인 공감을 가로막는다. 그래서 적당한 거리에서 서로를 이해하고 바라보는 것에 만족하게 된다. 상대방도 그 정도의 선을 요구하기에 혹시라도 내가 한 발 더 다가가게 되면 긴장하게 될 것이다. 서로 각자의 거리를 지키려는 전략은 팽팽하다. 간혹 인간적인 접촉이 불현듯 이루어지면 한편으로는 즐거운 감흥도 느끼지만 다른 한편으로는 낯설고 신경 쓰이면서 걱정도 인다. 그만큼 우리는 혼자에 익숙해져 있고 앞으로도 그런 상황이 더 고착화되어 갈 것이다.

내가 한 발 앞으로 나서면서 상처받지 않는 선을 새롭게 구획하는 방법이 필요해지는 이유이다. 나의 울타리를 일정 부분 여는 것은 상처의 기억을 완화하고 보다 가능성 있는 미래로 이끌기 위한 행동이다. 이미 많은 시간을 자의적으로 책정해놓은 틀 내에 살아오면서 혼자서 외롭다고 투덜거리지 않았던가. 오랜 시간의 습속은 알게 모르게 안팎으로 고집을 형성하고 나를 완고하게 만들었다. 내가 나 자신에 대해 잘못 알고 있던 선입견도 있을 것이다. 내가 내보이고 싶어 하는 모습과 상대방이 바라보는 나는 차이가 많을 것이다. 나 자신에게 향하는 너그러움과 상대방을 대하는 배려 또한 비례하지 않는다. 이제 한 발 더 나서도 되지 않을까. 그 첫 번째는 내가 밝아지는 것으로부터 비롯될 것이다. 내 표정이 밝아지면 상대방도 긴장을 멈추고 화답하게 될 테니까. 뭘 더 잃을 수 있겠는가를 생각하면 오히려 즐거운 모험이 예감되기도 한다.

고집

사람이 나아졌다고 하는 판단은
그 사람이 정신적으로 어느 정도
자유로운가에 달려 있다.
자신을 고집하지 않으면 않을수록
그 사람은 그만큼 자유를 가지게 되는 것이다.

_톨스토이

삶의 고삐를 놓치지 않으려면

외부의 빛은 빨아들이지만 내부의 빛은 중력에 대한 블랙홀의 붕괴 속도가 너무 커서 밖으로 빠져나갈 수 없는 경계면을 사건의 지평선Event horizon이라고 부른다. 빛 입자가 더 이상 안으로 들어가지도 못하고 밖으로 빠져나가지도 못하는 중력의 경계면은 고독과 자유가 균형을 이루는 양상과 흡사하다. 이곳은 서로에게 희생을 요구하지 않음으로써 나름의 존재 행위를 조화롭게 진행시키는 지점이다. 고독도 끊임없이 응축작용을 통해 자기를 내부로 끌어들이지만 반대로 자유는 자기를 계속적으로 외부로 확장시킴으로써 자체 중력으로 스스로가 고립되는 것을 방지한다.

이 행위들의 연속이 인생을 헤쳐 나가는 과정 속에서 삶의 다양한 무늬를 만들어낸다. 그 무늬는 실제 자기를 버티는 힘인 블랙홀 안의 특이점, 즉 자아의 고뇌에 따른 그림이라는 것이다. 사람이 얼마나 완고한 존재인지를 알게 되면 각자의 외양은 단지 우연의 산물일 경우가 많다는 것을 깨달을 것이고, 스스로에 대한 자부심도 예전과 같아지지는 않을 것이다. 그처럼 견고한 자아가 쉬이 흔들리는 것은 세계와 내가 만나는 지점인 사건의 지평선에서 즐겁거나 고단한 선택이 기다리고 있기 때문이다. 게다가 여러 경로들을 통해 다가오는 시간과의 마찰이 매우 다른 결과를 가져옴으로써 고민이 생성된다. 자기주도적인 선택이 불리한 결과를 가져오기도 하고 수동적인 선택이 의외의 소득을 올릴 수도 있다. 또한 마지못해 따라하는 저항적 선택이 인생의 큰 줄기를 바꾸어 놓기도 한다.

주도적인 선택을 통하여 본래의 목적을 달성하는 것이 가장 좋겠지만 인생은 그리 단순한 것이 아니라서 엉뚱한 변수로 의도치 않은 결과 속으로 빠져들기도 한다. 그러나 설사 수많은 흔들림을 경험한다고 해서 삶이 와해되거나 흩어지는 것은 아니다. 결국 내가 요구했던 젊은 날의 중요한 조망은 남는데, 이것이 그동안 자아에서 드러나지 않았던 다양한 꿈의 원줄기인 것이다. 나를 형성하는 배후에는 언제나 도덕적인 초자아가 있었다. 선택의 매순간 자아를 지켜보던 초자아는 가장 비슷한 얼굴을 한 선택에 힘을 실어줌으로써 자기를 유지한다. 오랜 세월이 흐른 뒤에도 자기를 재구성하는 힘이 여기에 있다.

인생에서 삶의 고삐를 놓치게 되는 경우도 생긴다. 가장 이상적인 것을 찾아내려는 시도로써 유예된 선택도 있을 수 있다. 그러나 보통 회피하고 싶은 부분에 대해 도

망치고 싶은 순간들로부터 나타난다. 내 선택을 주저하게 만드는 이유는 매번 비슷하다. 힘듦으로부터, 엉킴으로부터, 두려움으로부터 벗어나고 싶지만 인간이 그리 나약한 존재는 아니라서 필요하다고 판단되면 내 능력보다 훨씬 상위의 노력이 필요한 선택도 할 수 있다. 실제 선택을 하지 못하게 만드는 원인은 따로 있는데 그것은 자기 자신도 모르는 경우가 많다. 자기를 가로막는 이유가 어떤 경로를 통해서 생성되었든 그것을 계속 지나쳤기에 해소되지 못한 것이다.

사람은 당시의 상황에서 최소의 비용과 최적의 시간을 들이는 선택을 하게 된다. 다만 모든 조건을 만족시킬 수 있는 선택지는 없기에 현실적으로 약한 고리가 희생되기도 한다. 그 부분이 언젠가는 마음의 짐으로 나타나 상처가 될 수도 있다. 그때서야 자기의식의 밑바닥에서 선택의 회피를 예감했던 원인을 알아차리게 된다. 모든 선택이 합리적이라고 얘기하는 데에는 인간의 감각이 그리 허술하지 않기 때문이다. 실제로 약한 것은 현실적 조건이 아니라 마음이라는 것을 알아야 한다.

그럼에도 불구하고 어떤 선택은 맞고 어떤 선택은 틀리다. 동시대를 살아도 모든 이들이 일부만을 경험하는 것은 자기 테두리 내에서 선택의 경로가 고정된 시야의 간섭을 받기 때문이다. 개개인이 다양한 정보와 지식으로 무장하고 있어도 잘 아는 것과 필요한 만큼 안다고 생각하는 것을 섞어서 사용하는 과정 속에 고집으로 흠결이 발생하는 것이다.

또한 자기를 찾는다는 목표가 내포하는 위험성도 어느 정도 예측이 가능해야 한다. 현실을 도외시한 자기 찾기란 물고기라는 현실을 잡지 않고 배를 곯으면서 자기라는 바다의 해저 지도를 완성하겠다는 뜻이다. 원래 '자기'란 변화하는 유기체라서 물고기를 잡으면서 발견해내기에도 충분하다는 점을 간과해서 생기는 일이다. 충분히 자기가 좋아하는 물고기를 잡으면서 살다보면 자연스럽게 만들어지고 다듬어진 자기를 볼 수 있다. 지난날 괴로움의 원인들도 먼 발치에서 또렷하게 느낄 수 있을 것이므로 조급하게 자기를 찾아 나서겠다는 생각은 어리석은 일이다. 아직 제대로 만들어지지도 않은 '자기'가 아닌가. 새롭게 정립될 나를 통해서 과거의 나를 부드럽게 끌어안을 수 있으려면 자기를 채워나가는 것이 우선되어야 할 일이다. 자기는 찾는 것이 아니라 만들어가는 것이며, 빈 곳의 동요는 그 과정에서 자연스럽게 치유된다.

때로는 삶의 군더더기라고 생각한 부분들, 중요하게 생각하지 않은 것들, 재미삼아 해왔던 취미 활동 등이 소중한 자산이 되기도 한다. 사람은 어떤 모습으로 살든지 자기가 바라보는 곳을 향하여 나아가면 작고 소소한 경험들이 쌓여 자연스러운 삶으로 안착하게 된다. 그러나 자기에게 맞지 않는 욕심을 부렸을 경우 오히려 평범하지 못한 삶으로 허덕일 수 있음도 명심해야 한다. 스스로 사건의 지평선에 잡아먹히게 되면 고독은 가중되고 자아는 더 왜소해진다.

사람이 저지르는 실수 중에 가장 흔한 것이 말실수이다. 자기도 모르게 튀어나오는 말이 상대방에게 상처를 주거나 이미지를 망가뜨린다. 이것은 근본적으로 자아의 응집력이 약하거나 아니면 지나치게 강하거나 잘못된 언어 습관에서 비롯된다. 사람은 서로 비슷한 배경이나 수준을 가진 이들끼리 만나고 의기투합하지만 모든 면에서 같지는 않기 때문에 서로에게 주는 스트레스도 있다. 나로 인해서 누군가가 피해를 받을 수도 있다는 것을 늘 생각하고 언행을 절제해야 한다. 무엇보다 공과 사를 정확히 하는 습관을 들여야 한다. 공직에 있는 사람들뿐만 아니라 일반 직장인들이나 개별 모임에서 특히 중요하게 생각해야 한다. 누구나 특정한 상황에서 화나 기쁨의 감정 기복을 느끼게 되는데 이때 실수가 발생하기 쉽다. 자제해야 하는 순간에 말이 먼저 나가는 경우도 있듯이 자신도 실수 할 수 있다는 인식이 있어야 조심하고 삼갈 수 있다. 친한 사람이라고 편하게 하는 얘기도 상처가 될 수 있다. 순간적으로 자기를 강하게 주장하거나 투정을 부린다면 그동안의 모든 신뢰는 사라진다.

"의식적 반성적 수준에서가 아닌, 전의식적이고 반사적인 수준에서 작용하는 독사doxa(억견)"는 힘 있는 화자의 충동성을 통해 그럴듯하게 발설됨으로써 사회를 오염시키고 다수에게 악영향을 미친다. 개인이 자기보다 덜 지배적이라고 생각하는 사람들에게 내뱉는 억견도 문제지만 인터넷상에서 말발 좋은 꼰대들이 늘어놓는 독사야말로 눈살을 찌푸리게 한다. 개인적인 사견이라고 무시하는 태도가 억장 무너지는 소리를 자제시키는 유일한 방법일 것이다. 그 말이 폭력적일수록 관심이 더 커지기 때문에 계속해서 자양분을 대주는 행위를 그만두어야 점차 괴물화되는 것을 막을 수 있다. 우리 시대의 에피스테메가 그들로부터 파생될 가능성은 아예 없다. 그들은 말 그대로

doxa를 내뱉는 viper들이기 때문이다. 《성찰적 사회학으로의 초대》에서 부르디외는 "그것은 설령 바르거나 참된 것이라도 이론적 근거에 이르지 못하는 한 그에 따른 에피스테메와는 구별된다"라고 말한다.

인생에서 흔들리지 않는 삶을 살기 위해서는 무엇보다 자기가 원하는 것을 명확히 해야 한다. 나와 맞지 않는 의견을 가진 사람들에게 내뱉는 자극적인 언설들은 내게 되돌아오게 되며 급기야 나를 망치는 원인이 된다. 나는 내 삶을 사는 것이며, 나와 생각이 다른 사람들은 존재하는 것이다. 그것이 사회의 건전한 다양성이다. 오히려 그러한 의견들이 상재하는 열린 장으로서의 세계가 미래를 구성하는 과정이며 실질적인 내용이다. 건강한 토론이 무너지고 억지가 난무하는 광장은 우리가 가야 할 바가 아니다. 세상에는 무지하고 몰지각한 사람들이 분명 얼마든지 있다. 현실이라는 폐쇄계를 열어젖히려는 노력들로 인해 언제나 무수한 갈등이 산재해 있는 곳이다.

원하는 것을 명확히 한다는 것은 세상의 다양한 회오리 속에서 나를 지키고 견인하는 역할을 해준다. 또한 내 삶의 만족을 구성하는 가장 중요한 표상이므로 그 속에 자아가 있다고 말하는 것이다. 자기를 찾고자 하는 노력들의 어떤 부분은 처음 출발한 곳으로 되돌아오게 된다. 인간은 방황을 통해서 성숙하지만 오래 그 속에 머물러서는 삶을 놓치게 되므로 바로 되돌아와 스스로 진정으로 원하는 것이 무엇인지 질문해야 한다. 인생은 쉬이 얻어지는 것도 없으며 여러 복병들이 숨어있기에 때로는 자기 양심과의 싸움도 이겨내야 한다. 세상을 살면서 아픔을 경험하고 흔들릴지라도 나의 진실한 자리를 찾아 자기다움을 이루는 삶이어야 한다.

선택

아무것도 결정하지 못하거나
선택하지 않으면 시간은 그렇게 흘러가게 된다.
어 떤 일 도 일 어 나 지 않 는 다 .
하루가 속절없이 지나간다.
왜냐하면 선택하지 않는 것 또한 선택이기 때문이다.
무엇이 두렵고 불안해서 늘 뒤로 미루고 있는지
한 번 진지하게 내 자신에게 물어보아야 한다.
최종 결정권자는 항상 '나'라는 것을 잊지 않으면서.

_오프라 윈프리

2장

고 독 은 또 다른 갈망이다

우리는 왜 방황하는가

개개인은 자신만의 고뇌 때문에 고독에 빠질 수밖에 없다. 그 과정을 통하여 해답을 찾고 고독 속에서만이 꽃 필 수 있는 화려한 날갯짓을 준비한다.

이럴 때의 고독은 세상으로부터의 도피가 아니라 자기 균형을 추스르고 삶의 진로를 획득하는 쉼터이면서 치료소가 된다. 고독은 관계 속에서의 의견과 충돌을 그대로 연장하는 축소판으로서, 여기에 자기 자신과의 내밀한 대화가 덧붙여짐으로써 더 깊은 시간을 갖는다. 고독이 일상 사회생활만을 반영하는 정도에 그치고 마는 경우라면 질 낮은 돌파구에 불과할 것이다. 좀 더 깊은 곳에, 아무도 등장하지 않는 곳까지 내려갔을 때 고독은 진가를 발휘한다. 타자만 없는 것이 아니라 문화도 없고 역사도 없는 곳에서 수확하는 열매만이 자기 자신을 구한다. 그런 의미에서 고독은 자기 자신이 다시 태어나는 공간이며 세계를 재구성하는 기회이다. 이곳에 발을 들여놓지 않거나 발을 담갔다가 급히 빼버린다면 자아의 내밀함을 확인하지 못한 채 일생을 자신의 떠돌이로 남게 된다. 그러나 더 안쪽, 그러니까 자아를 벗어나서 생명의 윤곽이 점점 흐릿해지는 부근까지 나아가는 것은 경계해야 한다. 깊이 들어갈수록 그곳은 타나토스의 영역이기 때문에 자기 자신이 함몰될 위험성이 있다. 이곳에서는 죽음의 신을 묶어버릴 밧줄이 없기 때문에 시지포스라고 할지라도 쉽게 빠져 나오기 어렵다.

자기를 옭아맨다는 것은 그것을 능히 견디고 건강한 자아를 구성하는 길일 때에만 가능하다. 그래서 '옭아맴'으로 읽지 않고 '틀 만들기'라고 부른다. 스스로를 고통스럽게 얽매이게 하는 밧줄을 들고 있다면 그 한쪽 편을 누군가에게, 나를 염려하는 자에게, 혹은 세상과 원활한 대화가 가능한 자에게 던져주어 자기 자신을 구하도록 해야 한다. 어떤 특정한 고독은 생명과 생명 아닌 곳의 경계에서 진행될 위험이 있으므로 즉시 깨달아야 한다.

'나는 생명을 지향하며 인류를 구성하는 소중한 개체로서 제도적 모순과 고립된 역사를 넘어 우애와 사랑을 확인하는 일을 계속해야 한다. 그러므로 내 삶의 진행은 선이며 이곳에서 손을 내민다'라고 외쳐야 한다.

그리하여 순조롭게, 치열하게 자기 자신과 대화에 성공한 사람들은 인생을 한 계단 더 앞서 나가게 된다. 인간의 고뇌와 고민을 해소하는데 애를 먹는 것은 다름 아닌

무익하고 불합리한 자기 규칙들이다. 자기 스스로가 고집하고 있는 방식들 때문에 힘들어하면서 자신을 이해해달라고 절규한다. 사회화된 부분과 그렇지 않은 부분들이 혼재되어 있는 상태에서 타자에게 당연히 이해될 수 있는 것은 흔치 않다. 인간은 외로운 존재인 만큼 스스로에게 소중한 부분들과 취약한 부분들을 겹겹이 보호하고 있다. 이곳에 타자의 입김을 허용하지 않겠다는 안내문을 붙여 놓는다면 대화는 이루어지지 않고 개인의 자아도 왜소해지는 걸 막을 수 없다.

'세상은 나를 무조건 사랑해줘야 해, 나도 가끔 한 번씩 사랑을 줄 테니.' 이 말은 내가 세상에 적극적으로 발설하지는 못하지만 언제나 마음 속에 품고 있음으로써 나를 주어진 상황으로부터 후퇴시킨다. 어쩌면 차곡차곡 불리한 논거들을 쌓아놓은 허름한 창고이지만 먼지를 털고 정리하지 못하는 데에는 그럴만한 이유가 있다. 그곳은 자아의 성지이다. 해석을 요구하는 타자도 없다. 이곳은 고대 사회의 소도와 같은 도피처이다. 사회 규준이 불명확하거나 종교적 색채가 짙은 경우에는 지금도 이와 같은 특정 지역들이 존재하지만 여기는 엄연히 개인의 내부이다. 반대로 본인이 삶의 다양한 기회에서 멀어졌거나 지성의 혜택을 받지 못한 상태라면 이곳으로의 도피는 자연스럽다. 그런데 그 성지에는 아무것도 없다는 것을 스스로 알고 있다. 자기 자아 속에 너무 깊이 침잠되어 있으면 위험함으로 사람들 사이에서 새로운 휴식처를 발견해야 한다. 죽음 앞에 떳떳한 부분을 확보하기 위해 나를 설득해야 하고 개인의 과제를 이행해야 한다. 나이가 들어갈수록 인생의 알 수 없는 방향과 굴곡들의 퍼즐이 조금씩 맞춰지게 된다. 이것은 정해진 시간 속에서 자기를 계속적으로 한정해 나가기 때문에 중년 이후에 두드러지게 나타난다. 인간이 계속해서 살 수 있다면 무한정 자기 확장이 가능할 터이지만 그러다보면 삶이 '살아감'이 아닌 '견

딤'에 초점이 맞춰지게 될 우려가 있다. 뜬구름처럼 분열된 인생이 되는 것이다. 시간은 인간에게 가혹하지만 그 한정됨을 통하여 축복을 준다. 인간이 나이를 먹어감에 따라 인간다워지는 것은 단지 초연함에만 있는 것이 아니라 자기 완성도를 높여감에 따라 나오는 것이다.

고독도 살아있는 현재를 위한 몸부림이다. 방황은 생의 불명확성으로부터 명확성으로 나를 견인하기 위해 스스로 지칠 때까지 계속된다. 불편함을 떠나서 안락한 곳으로 이동하기 위한 유랑은 신체적인 부분과 정서적인 부분 모두를 만족시켜야 제 자리를 찾는다. 그러나 인간은 원래부터 방황하기 위해 태어난 존재가 아니다. 생의 아이덴티티를 확보하고 현재를 포섭해서 미래의 동력을 만들어가며 즐겁게 나아가야 한다. 그런데 오늘이 막혀 있다. 현재는 내일의 비전과 오늘의 즐거움이 동시에 진행되어야 한다. 그 두근거리는 기회들이 일찌감치 자취를 감추고는 짜인 각본에 따라 움직이는 시간의 부속품이 되었다. 야생에서 걸어 나온 것은 인간의 자발적 의지였지만 이렇게까지 무한정 지칠 때까지 생의 돌다리를 건너뛰게 될 줄은 상상조차 못했을 터이다. 초원에서 말을 길들이며 별빛을 세던 유목민의 자유는 갈 곳을 잃어버린 흔적만이 잔설처럼 남아서 불편한 고독을 불러온다. 가족으로부터 얻었던 마음의 안락은 최소한의 동의도 만족하지 못하는 관계 속에 남았다. 그런 상황을 만들지 않겠노라고 선언하며 자신만의 삶을 고집하는 사람들이 늘어났고 고향을 잃어버린 현대인들이 배우자에게서 그 역할을 찾았으나 이제는 그것마저 불가능한 상황이 되었다. 자기가 자기의 고향이어야 한다는 것을 깨우치지만 그건 처음부터 불가능한 일이다. 소실점이라는 것은 어떤 배경을 통해서야 작동시킬 수 있는 화면상의 구도이다. 자기가 자기의 배경이 된다는 말은 오로지 한 점으로만 존재했다가 다시 사라져야 하는 순간적인 존재를 말한다. 고향은 인간의 정신적 무대로서 몸뿐만 아니라 정서와 문화가 태어난 곳이다. 그래서 유랑인들이 선택하는 것은 부분 부분의 배경들을 조합시키는 것이다. 커다란 인생이라는 그림에 친근한 경험들을 짜깁기해서 모자이크 화면을 만들고 가끔씩이라도 만족하는 것이다.

인간의 모든 방황은 방황을 멈추기 위한 방황이다. 인생의 초기에는 생의 명확성을 확보하기 위해 방황하지만 후기에는 삶의 의미를 확인하기 위해서 방황한다. 집이라는 안식처는 방황을 느슨하게 하는 역할을 맡는다. 아침에 출근하고 일과를 끝내고 저녁에 돌아와 피곤을 푸는 현대인의 삶이라고 해도 방황의 시간이 없는 것이 아니다. 몸 누울 곳과 마음 누울 곳이 같은 장소면 바랄나위 없겠지만 그런 조건에 맞는 삶의 형태는 이미 우리를 떠났다. 강해지는 능력에 비례해서 고독도 깊어지게 된다.

방황은 좀 더 자기다움을 갖추기 위해 나와 현재가 일으키는 갈등이다. 그러나 현재 또한 미래의 발판으로써 스스로에게 부과하는 중압감을 해소하려는 노력이기에 소중하게 다루어야 한다. 지금 보이지 않았던 것도 시간이 지난 후에는 언젠가 확연해지고 방황의 이유 또한 수긍하게 된다. 삶의 중심을 잃지 않으려는 몸부림은 자기 자신에 대한 애착에서 나온다. 그래도 상처가 되면 안 되기에 스스로를 감싸주고 토닥거릴 줄도 알아야 한다. 가급적 소소한 즐거움을 통해 자기를 긍정적으로 노출시키고 주눅 드는 마음을 밝게 환기시켜야 한다.

방황

달걀이 새로 변하는 것은 어려울지도 모른다.
달걀이 달걀인 채로 나는 법을 배우는 것은
조금 더 어려울지도 모른다.
우 리 는　지 금　달 걀 과　같 다 .
그리고 당신은 그냥 계속 평범하고
상하지 않은 달걀로 있을 수는 없다.
우리는 부화하거나 상할 수밖에 없다.

_C. S. 루이스

고독은 자유의 원천이다

우리는 매 순간 자유를 원하면서도 왜 쉽게 떠나지 못하는가. 나의 중심 가족, 친구, 주변의 인연들을 뒤로 한 자유가 나를 행복하게만은 하지 못한다는 것을 잘 알고 있기 때문이다. 그런데도 항상 떠나지 못해서 안달하는 것은 현실이 자기를 고독에 빠뜨리는 경우를 경험하기 때문이다. 이는 사회적 관계로부터 파생되는 부자유가 자기다움을 지키기 위한 방안으로 떠남을 추도하는 것이다.

그런데 막상 자기 존재의 근거지를 벗어나서 사회와 연결되어 있지 않은 상황을 가정해본들 일시적 자유가 본래적 고독을 해소시키지 못할 거라는 판단 때문에 또한 주저하게 된다. 고독이 존재하지 않는 자유만의 세계를 원하지만 부자유를 갱신하는 길에는 고독도 일정 부분 따라붙는다.

긴장이 삶을 이끌기 위해 수반되는 것이 고독이기 때문에 권태 속에서도 긴장을 끊임없이 만들어내야 한다. 긴장이 가장 많이 들어있는 부분은 성욕이지만 안정화된 생의 시간들이 늘어나면서 그것을 대신할 만한 도구로써 고독이 등장하기도 한다. 에너지가 없으면 긴장이 없고, 긴장이 없으면 고독도 없다. 무감각한 시간 속에 늘어지다 보면 생의 계획들이 느슨해져 아름다움도 퇴색된다. 세상의 모든 아름다움은 긴장으로부터 나온다. 건축물과 미술, 음악적 선율, 초원의 풍경조차 어떤 낯선 조화와 더불어 짜임새 있는 구도들이 만들어내는 지점에서 긴장이 필히 스며있어야 한다. 그것이 사물의 생명이다. 그래서 긴장 없는 예술은 무의미한 것이다. 아름다운 여인의 자태에서도 그것은 배어나온다. 인간의 생명은 긴장의 연속이다. 죽음의 순간까지 그것을 붙잡고 늘어지는 회오리 속에서 가장 억세게 생의 줄기를 타고 흐르는 것은 아직 남아있던 갈망이다. 이루어지지 못한 것들에 대한 요구가 생명을 질기게 잡아당긴다. 나는 잊었더라도 인식하지 못하는 나의 일부는 그것들을 쉬이 잊지 않는다. 고독은 갈망의 다른 이름이다. 고독해도 고독한지 모르는 경지가 죽음이며, 그것의 영원한 흐름이 완전한 자유이다. 죽음은 긴장을 잃어버리고 아름다움을 소실하는 것이다. 생명은 그것들의 몸이었다.

고독을 완전히 잃어버리지 않기 위해서 자유를 일정부분 자제해야 하는데 이때의 긴장이 생의 동력원이 된다. 행복하지 않은 자유는 일시적이라는 것을 알기 때문에 행복을 경유한 자유를 원하지만 고독이 그것을 방해한다. 자유는 세상으로부터의 자유를 일컫지만 결국에는 자기 자신으로부터의 자유라야 진정한 해방을 느낄 수 있다. 세상으로부터 유리된 세계에서의 자유가 본래 원했던 것이었는지도 의문이다.

고통스러워도 외로움에 빠지지 않으려고 자유를 양보한 사람들이 가장 힘들어하는 것은 관계 속에서 정돈되지 못한 상황의 불편함이다. 작은 불만족은 감정의 부드러움을 방해하고 새로운 상황에 따른 몰입에 다다르기 전까지 나를 구속한다. 과도했든지 아니면 부족했든지, 이에 대한 균형의 깔끔하지 않음으로부터 시작된 고독도 순간적으로 스친다. 행복이 쾌락만으로 채워지지 않는 것은 삶의 안정적인 균형과 불안에 대한 대비로써 지속적 만족을 추구해야 하는 보다 분명한 목적이 행복의 근간을 이루는 데에서 확인할 수 있다. 일상생활이 행복을 향한다고 할 때 막상 도달한 곳에서 발견되는 것은 행복이 아닌 경우가 많다.

오히려 행복은 준비과정 속에서 구현됨으로써 우리에게 체현된다. 그러나 우리가 원하는 것은 보다 자극적이고 현란한 것이어야 한다고 믿기 때문에 요원할 뿐이다. 그렇다고 불행하다고 판단된 상황 이외의 모든 조건이 행복한 것이라고 억지로 자위할 필요까지는 없다. 행복은 느끼고 체감하는 것이기에 똑같은 상황일지라도 사람마다 행복 지수는 차이가 있다. 누군가는 행복하지 않다고 말할 때 나는 그것을 행복으로 바라볼 수도 있다. 최대한 행복하기 위해서는 가급적 불행한 요소들을 내게서, 내 주변에서 줄여나감으로써 가능하다. 스스로 사회와 그 속의 관계들을 관리할 수 없기 때문에 일상에서 긍정적인 마음가짐을 투사시키는 것이 필요하다. 행복과 불행에 대한 객관적인 이해는 존재하지만 개인의 판단에 따른 감정 상태도 중요한 요소가 된다. 그러므로 무엇보다 행복할 준비가 되어 있는 사람이어야 행복을 느끼는데 보다 유리할 것이다. 행복을 방해하는 것, 자신 없음, 현재에 대한 비관, 비교를 통한 상실, 타인에 대한 질투나 질시, 자포자기 등이 상황을 더욱 난처하게 만든다. 따라서 상황 극복을 위한 노력과 미래의 시간에 대하여 편안하게 느끼는 자세가 필요하다. 자기를 닦달하지 않는 것, 억울해하지 않는 것, 타인을 편안하게 바라보는 것 등 내가 할 수 있는 일 중에서 하고 싶은 것을 할 때 행복은 싹튼다.

삶의 고통을 줄여나가는 방법 중에서 장중함을 유지한 성실성이 과도한 고독과 과도한 자유에 대한 희구를 안정화시킨다. 행복처럼 내면의 자유도 일상생활에서 존재한다. 떠나는 자뿐만 아니라 머무는 자에게도 자유는 생성된다.

내가 느끼고 있는 자유가 진정한 것인지에 대한 확신도 필요하다. 너무 오랫동안 목말라했던 것이지만 막상 자유가 닥치고 나면 일시적인 해방감 이외에는 다른 것을 느끼지 못할 수도 있다. 자유는 하나의 지점이다. 자유롭기 위해서는 더 큰 자유가 필요하지만 현실은 오히려 자유를 얻는 순간부터 부자유가 싹튼다. 그래서 부자유보다 자유가 더 많이 느껴지는 공간에서야 드디어 자유롭다고 말한다. 현실은 부자유가 훨씬 많은 곳이기 때문에 자유를 제대로 느낄 수 없다. 우리가 언젠가는 느낄 영구적인 자유는 현실에 발을 딛고 서 있는 순간에는 완벽히 재현되지 않는다.

자유의 그림자들, 자유스러움만을 자유로 인식해야 하는 것은 존재가 존재자의 선험적 경험을 통해 이해되듯이, 자유 또한 자유로운 자에 의해서 자유롭다고 선언되어야 비로소 우리에게 확인된다. 그래서 일상을 뒤로 하고 떠나는 행위는 자유를 선언하는 일임과 동시에 자유로움을 각인시키는 나로부터의 요청이다. 그런데 스스로 자유롭다고 느끼는 감정은 어떻게 감지되는가. 자유를 일상에서 느끼려면 주의 깊은 내면의 관찰이 필요하다. 대부분은 시험을 마친 후, 대청소를 끝낸 후, 일을 마무리 지은 후 등 그동안 나를 억누른 과제를 마감하면서 느껴지는데 이는 일시적인 것이다. 안정적인 자유를 확보하는 일은 최소한의 긴장을 담보로 이루어진다.

자유는 행복이라는 바람이 뒤에 따라오는 촉촉한 빗줄기이며, 너울거리는 파도이고, 억새의 시원한 누움이면서 그 기분 좋은 흔들림이다. 자유롭다고 느끼는 안락함이 계속된다는 믿음이 강할수록 자유의 정도는 커진다. 그리고 걱정 없는 상태가 길면 길수록 자유에 대한 안도가 커져서 만족도는 올라간다. 자유를 느낀다는 사실은 일정 시간 동안의 안락이 있는 상황이었으므로 자유에 대한 인식이 없더라도 평온은 유지된다.

행복을 거치지 않은 자유가 가능한가에 대한 답변은 물론 '그렇다'이다. 자유의 가능성에 대한 자유도 우리는 경험한다. 힘든 노동 중에서도 잠시나마 하늘을 바라보며 평온을 느끼는 것은 자유에 대한 기대를 통해서 얻는 위안이기에 그 순간 자유롭다. 물론 힘든 수행의 완성에 따르는 자유는 매우 크다. 많지는 않지만 행복한 노동도 분명 있으며 노동 속에서의 자유도 스스로 찾아야할 부분이다. 독서를 통한 깊은 지식을 터득했을 때, 세상의 어수선한 기준들이 새롭게 정리되는 느낌은 즐거움을 넘어서 개인에게 자유를 준다. 그리고 사색을 통해 복잡한 문제에 대한 해답을 찾았을 때 고뇌가 깊을수록 더 강렬한 자유를 느낀다. 돈은 물론 자유이다. 가장 큰 걱정거리가 금전문제이기 때문에 이것이 확보된다는 것은 두말할 나위 없이 명백한 자유이다. 시간은 돈으로도 살 수 없다. 시간에 대한 기회비용은 자유에 있어서 그 무엇과도 바꾸기 힘든 중요한 것이다.

충만한 사랑은 자유이다. 사랑에는 나 자신을 확인하고자 하는 욕동이 숨어있다. 그것은 이타심이기보다는 이기심에 가까우며 배려함으로써 양보를 얻어내고자 하는 자기 확보의 근거인 것이다. 사랑은 서로가 자기의 중요한 일부를 내어줌으로써 보다 특별한 것으로 나를 채우려는 욕구이다. 외견상으로는 주는 것으로 보이며 진정한 합일을 이루기는 매우 어렵지만 그 과정 속에서 나를 완성으로 향하게 한다. 사랑의 파탄은 다른 무엇으로도 채울 수 없어 고독한 것이고 그 단절의 피로감 때문에 고통스러운 것이다.

구속된 사랑이 자유라고 말하는 조건은 단순하다. 사랑은 행복으로 가는 가장 명확한 도로이자 삶에서 깊은 위안을 받을 수 있는 쉼터이자 인생의 여러 목적지 중에서 최후까지 도달해야 하는 장소이기에 그러하다. 때로는 사랑이 지루한 자유이면서 자유가 아닌 것처럼 느껴지는 순간들도 이어진다. 사랑이 자유 자체만으로 읽히기 위해서는 매일의 사랑 속에서 새롭게 확인되고 갱신되며 보다 깊게 발견되는 지점들 속에서만 가능하다. 어떤 경우에는 낡은 부분들을 새 옷깃으로 수선해야 하는 일도 생긴다.

새로운 감각을 맞이하려는 노력도 한계가 있어 사랑 그 자체로 안주하는 경험도 한다.

사랑은 감정이지만 그것은 내가 지니고 있는 모든 인지적 출구들의 종합적 경험이다. 또한 감각적이면서 직관적이고 어떨 때는 사고력을 동원해야 하는 총체적인 것으로 나와 내가 만나는 광장이기도 하다. 뒤틀린 곳을 바로잡고 아픈 곳을 치료하며 퇴색된 곳에 새살을 돋게 하는 힘도 있다. 이곳에서 충분한 치유도 가능하나 열려져 있지 않으면 자기 갱신을 기대할 수 없다. 기존의 사랑도 시간의 표면 위에서 미끄러진다. 그 표피에 마디를 만들어 보려고 애쓰지만 서로를 공전하는 힘은 자전에서 나오기 때문에 활기를 잃은 사랑은 쉽게 수축될 수 있다. 사랑은 열려 있어야 사랑이므로 생명의 근원적인 속성을 위반해서는 그 본질조차 잃는다.

열려진 채로 버티는 것이 사랑이다. 이것은 다가가는 사람과 기다려주는 사람 모두에게 해당된다. 결국 응답하는 자가 응답으로써 그 사랑을 선택하는 것이다. 사랑의 이름으로 다가오지 않는 사랑은 고독하지만 우연의 힘을 빌리기 전까지는 울지 못한다. 우연이 사랑을 만드는 힘이기 때문이다.

사랑은 나눌수록 커진다고 하지만 그것은 사랑의 확대를 통한 규모의 사랑에 해당한다. 개인에게 있어서 사랑도 소모되며 사랑이 휩쓸고 간 자리에는 고독이 남게 된다. 그곳에서 긴장을 통해 자기 균열로부터 나오는 에너지를 끌어 모아야 한다. 어떤 경우에는 단 한 번의 사랑으로도 고여 있던 에너지가 모두 고갈되는 일도 있다. 그러면 남은 시간을 텅 빈 고독 속에서 보내야 한다. 사랑이 다시 시작되려면 긴장이 충전되어야 하고 이때의 고독은 꽉 찬 고독이지만 맨 처음 불태웠던 사랑처럼 꽉 채울 수는 없다. 어쨌든 가장 많이 몰두했던 사랑이 나를 가져갔기에 다음의 사랑은 조금 부족하더라도 특별한 인연이 나를 극대화하여 긴장으로 가득 찬 고독을 자극할 경우 사랑은 갱신되며 개인은 자기 속에서 새롭게 조율된다.

한편으로 사랑은 무한 반복된다고 생각하는 사람에게서의 사랑은 일순 진실한 것일지라도 지치기 쉬운 것일 수 있다. 입으로만 전하는 사랑이야말로 위험한 것이다. 이것은 진지한 사랑에 대한 외면으로써 사랑의 외피만으로도 유지될 수 있기를 희망하는 얕은 사랑이다. 이 사랑 또한 거짓은 아닐지라도 갈증도 몰입도 결핍도 없이 자기를 보존하기 위한 것이므로 훗날 파도처럼 몰려올 결절된 고독을 예비하지 못한 사랑이며, 그 속에는 자유가 충분하지 않다.

개인은 다양한 행위와 정서에 묻어있는 자유를 감지하지 못하고 지나치는 경우가 대부분이어서 떠남에 대한 갈망은 더 커져 간다. 그러나 일상 속의 자유가 없다면 현대 도시 생활은 불가능하기에 최대한 숨은 자유를 많이 느끼려는 태도가 건강에 이롭다. 그리고 앞서 지적한 모든 행위나 사물, 태도나 감정 등은 또한 고독이다. 그것은 충족되지 못하는 자유의 경계선 밖에서 나를 규율하는 도전이기 때문이다. 세계는 끊임없이 나를 속박하고자 다가오지만 그 속에서 살아남기 위해 발버둥 쳐야 하는 슬픔이기도 하다. 그 세계와 자유를 오가며 고독 속에서 내 자리를 찾고자 침잠의 시간을 갖는다. 고독은 세계와 자유를 연결 짓는 사다리이자 완충지대로서 나를 강하고 세밀하게 다듬을 수 있는 불안한 잠자리이다.

자유는 공기다. 지속적으로 호흡하지 못하면 마음속의 노폐물이 배출되지 못하고 쌓여서 병으로 전환된다. 자유는 미련 없는 지루함의 해소다. 비록 그 지루함이 현실을 버티는 힘이고 능력의 다른 이름이라고 해도 개인이 가리키는 인생의 가치에는 턱없이 모자라는 것이다.

모든 개인은 자유를 향하여 나아간다. 자기 자신의 주인으로써 자유만이 최대한의 주체를 구성할 수 있는 열린 장이다. 자유는 평화로운 잠이고 고독은 쉬이 잠들지 못하는 상념이다. 자유는 아름다운 꿈을 꾸지만 고독은 꿈을 얼기설기 이루는 서툰 자각몽이다.

인생의 방향을 결정짓는 중요한 순간에 왜 엉뚱한 선택이 다가올까. 사람들은 자유에의 미련이 세계-내-고독 속으로 빠져 들지 않기 위한 몸부림이라는 것을 안다. 그것은 자기 보존을 위해 어떤 것이 더 소중한 것인지 저울질하며 결코 무의미한 시간 속에 자기를 내던지지 않겠다는 각오이지만 고독한 세계 속에서야 허망한 자유, 알맹이 없는 자유가 아닌 가슴 벅찬 자유와 온유한 자유로 향하는 길이 있음을 깨닫는다. 세상의 규칙뿐만 아니라 나의 규칙에도 얽매이지 않는 자유는 고독을 거쳐야만 가능하다. 나를 견인하는 자유에 대한 대가는 필히 지불된다. 고독이 자유의 원천이기 때문이다. 그리고 언젠가는 그 고독도 일상생활의 불편함이 없을 정도로 점차 더 단단해져 가리라.

고독

인간은 고독할 때에 한하여 그 자신일 수가 있다.

그러므로 고독을 사랑하지 않는 인간은

자 유 도 사 랑 하 지 않 는 다 .

왜냐면 고독할 때에만

인간은 자유를 누릴 수 있기 때문이다.

_쇼펜하우어

마음의 얽힌 매듭이 풀어지는 경험

생의 불명확성으로부터 명확성으로 가는 길목에는 인생의 선택과 책임이라는 의제가 존재한다. 가능성으로만 존재해왔던 인생의 윤곽이 드러나는 사건이 될 것이므로 최대한 신중을 기하게 된다. 그런데 이곳에서 실수가 유발되기도 한다. 망설임이 너무 길어지면 선택지가 줄어들고 그로 인해 다급한 선택이 될 상황이 발생하는 것이다. 똑같은 상황이 주어졌을 때 과거와는 다른 결정을 내릴 수 있어야 한다는 것이 자유 의지의 조건이라고 말하지만 과연 그럴까. 내가 동일한 사람이고 배경과 상황이 같은 경우라고 한다면 명백한 자유 의지조차도 반복되는 결정을 막을 수는 없을 것이다. 중요한 것은 논리적 타당성이 아니라 당시의 예민한 심상이기에 그것에 변화를 줄 수 있는 특별한 조건이 나타나지 않는다면 그 차이는 구현되기 어렵다. 사람들이 자주 착각하는 부분이 있는데 자기의 생각은 논리적이지만 행동은 그렇지 못하다는 것을 간과한다는 점이다. 너무 괜찮은 사람임에도 엉뚱한 실수를 하기도 하고 어떠한 상황에서 몰지각한 언설을 통해서 특정 이익을 주장하기도 한다. 빛나는 자아는 알게 모르게 순간의 감정 앞에서 자주 눈을 감으며 때로는 그것을 적극적으로 용인하고 즐기기도 한다. 효용적 가치가 아닌 심리적 가치의 승리이다.

인간은 현실적인 실패보다 앞으로의 가능성에 대한 막힘에 더 많은 고통과 좌절을 경험한다. 준비해놓은 그

릇들 중에서 미래의 것이 훨씬 큰 것은 언젠가는 더 큰 이익을 실현할 것이라는 막연한 기대가 있어서다. 자기의 미래가 밝을 것이라는 예단은 오늘의 작은 즐거움에도 행복할 수 있는 배경이 된다. 소수의 사람들은 계획을 하고 다수의 사람들은 소원을 빈다는 말이 있듯이 미래의 이익에 대한 확실한 발판을 마련해야 하는 것은 오직 현재의 몫이다. 시간이 지나면 열매의 차이가 명확해지지만 우리는 여전히 미래를 추상적으로 믿는 방식에 익숙해져 있다. 그래야 오늘의 힘겨움을 버틸 수 있는 까닭이다.

자기를 더 좋게 변화시키는 노력은 현재의 자기 행동을 새롭게 변화시켜야 한다는 뜻이다. 변화란 현실적인 요구들에 대하여 실제적인 응답을 통해 이루어진다. 나를 구성하는 큰 프레임은 내면의 속삭임에 귀를 기울이는 것에서부터 직업이나 생산의 범위를 확장, 축소함으로써 보다 큰 결실을 이루는 데에까지 다양한 장에서 상재한다. 그리고 보다 가시적인 부분에 몰두함으로써 자기 행보의 보폭을 키우려고 한다. 새로운 수익 모델을 도입해서 실험을 하고 어느 순간 적극적으로 이를 실천한다. 인간은 끊임없이 더 좋은 것을 만들기 위해 이동한다.

인간은 무엇인가를 만듦으로써 자기 자신을 증명하려고 한다. 가재도구를 만들고, 상품을 만들고, 법과 제도는 물론 조각품과 건축물들을 만든다.

예술은 영원한 생명에 대한 동경으로부터 나온다. 문명의 옷을 입은 예술세계가 다양한 이론을 만들어내기 전까지 예술은, 특히 그림은 기억의 기록으로서 누군가에게 보여주기 위해 존재하는 세계에 하나의 존재를 덧붙이면서 만들어졌다. 예술은 광폭한 전율과 차분한 설렘이 교차할 수 있는 특이한 영역이다. 게다가 인간이 삶을 통해 느낄 수 있는 모든 감정과 감각들이 재현된다. 바라보는 자가 그것을 불러낸다. 예술은 사물들을 이용하여 생명을 불어넣는 작업을 통해 이루어진다. 오래도록 남겨질 것을 기대하면서 말이다. 인간의 창조성은 생명을 연장시킴과 더불어 문화를 보다 풍족하게 만들기 위해 사용된다. 타인들의 유추는 나의 자유 의지가 아니다. 인간은 바라보고 느끼고 참여하기를 원하는 예술적 DNA를 저마다 가지고 있으며, 그것은 나를 능가하는 새로운 나를 창출하고자 하는 욕구와 맞닿아있다. 의식주를 해결하기 위한 노동에도 필연적으로 이 감각이 내재되어 있다. 자기자리를 확보하고 꿈을 넓게 펼칠 수 있는 곳으로의 이동은 자연스럽다.

안락한 자리를 찾아서 떠나는 것은 자기를 확장시키는 방법이기에 새로운 터전으로의 이동을 과감하게 감행하게 된다. 먹이 확보가 주된 목적이지만 내 유전자를 먼 곳으로 이동시켜야 하는 책임도 수반된다. 그러나 실제로는 자유를 향한 발걸음이었음을 부정할 수 없다. 전쟁과 재난으로 인한 실향민을 예외로 한다면 스스로 원래의 고향을 버린 것이다.

나를 고향으로부터 유랑을 택하게 만든 이유는 바로 제도의 규칙 속에 싹트는 억압으로부터의 탈출이다. 어떤 완벽한 제도도 인간의 자유를 구속하는 요소로 작용하기 때문에 처음부터 다시 시작하고자 하는 것이다. 그러나 더 넓은 지역으로 나아가기를 원하지만 선택할 수 있는 범위가 기껏해야 대도시나 타국이다 보니 그곳의 규칙들이 모두 맘에 들리는 없다. 동족들이 없는 지역이라면 적응 과정에서의 불편함도 많다. 그곳에서 힘겹게 시작하고 터를 잡고 점차 안정화 되어 간다. 계속해서 자기를 시험하고 단련하는 과정을 거친다. 그리고 그 과정을 거치면서 어느새 젊음이 차츰 소진되고 더 이상의 모험을 할 수 없게 됨도 깨닫는다. 한 개인이 일생에서 유목민으로 살아갈 수 있는 시간은 계속되지 않는다. 언젠가는 정착해야 하기 때문이다. 세계는 계속해서 변화되어 갈 것이고 그 속도도 더 빨라질 것이다. 쫓기지 않는 방법으로는 타자들과의 감정적 이익에서 어느 정도 혼자만의 자유를 지키는 것이다.

떠나본 자만이 사랑을 깊이 있게 느끼는 법이다. 사랑의 다양한 얼굴 속에서 내가 찾지 못한 사랑이 무엇이었는지도 어렴풋이 알아낸다. 내가 꿈꾸었던 사랑을 모두 경험할 수는 없으며 나에게 맞는 사랑을 찾아내기란 더더욱 어려운 일이다. 진정한 사랑은 현재가 아닌 내가 얻지 못한 것 속에 결핍으로 남아있다. 그걸 받아들였을 때 비로소 방황을 멈추게 된다. 이는 나의 과제 중의 하나가 완성된다는 의미이다. 노인들이 지난날의 향수 때문에 텃밭을 가꾼다고 생각해서는 오산이다. 그건 생명에 대한 이해에서 비롯되는 자연스런 과정이다. 도시가 고향인 사람들도 이것을 시도한다. 사랑을 나눌 시간이 절실한 것이다. 그것이 경작으로 체험된다. 사회학자 정수복은 프랑스 프로방스 지방에 정착해 살면서 '피상적이고 인위적인 것들을 다 버리고 가장 본질적인 것만 간직한 자기의 단순화된 참모습을 찾는' 일을 텃밭 가꾸기라고 했다.

충분히 떠돌아다녔음에도 채워지지 않는 갈증 같은 것이 여전히 앙금처럼 남아있다. 그 자유는 어떻게 해야 확보될 수 있는가. 자유는 애초부터 외부에서 찾아지는 개념이 아니며 마음의 얽힌 매듭들이 풀어지는 경험이다. 일상생활 속에서 부분적으로 자유를 체험함으로써 삶이 지탱되는 것으로 완벽한 사랑, 완벽한 행복이 없듯이 완벽한 자유도 존재하지 않는다.

우리의 경험은 반올림된 것들이다. 앞선 세대들을 뛰어넘고자 다른 감각으로 세계를 바라보고자 했던 시도들, 그로 인한 갈등들, 쉼 없이 밖으로 눈을 돌려 떠돌던 촉수들, 그리고 세상의 재구성을 꿈꾸었던 젊음의 편린들, 반복되는 실수로 흘린 눈물들, 지지부진한 감정들과 대상의 불명확함, 인간의 변혁을 다룬 문서에 얼굴을 파묻고 흐느꼈던 추억들이 모두 자유에 대한 갈망으로부터 비롯된 것이 아니었던가. 나를 가득 채웠던 삶의 열정들이 미지근하게 식어갈 무렵 지금까지 만났던 인연들과 악수하며 생의 기나긴 모순 속에서 힘겹게 버텨왔던 시간들이었다.

끝없이 자유를 추구하였으나 자유롭지 못했다. 무엇이 잘못되어서 이렇게 남루한 책상 한편을 붙잡고 지난 시절을 되돌아보며 탄식하고 있는가. 나의 자유는 전광석화처럼 흐르는 시대의 속도와 타인들의 빛바랜 언어 속에 묻혀 지치고 꺾이고 쓰러져서 왜소한 흔적들만 남았다. 여행들, 길 위의 나날들, 애틋한 추억 몇 개와 더불어 흔들렸다. 이제 다시는 한 겨울의 기나긴 꿈을 꾸지는 못하리라.

그러던 어느 날 현재를 느끼고 중얼거린다. 오늘은 오늘을, 내일은 내일을, 하루하루를 값지게 보내자고 마음먹는다. 생의 지루함 앞에서 망설임 없이 순발력 있게 정확한 선택으로 행복을 마주하리라. 어떤 것이 최선인지는 모르겠지만 일단은 지금 해봐야 쓸모 없는 걱정을 집

어치우고 몸을 느슨하게 이완시켜 평온을 즐기는 것이다. 홀로 존재하는 외로운 평화인들 어떠리. 그런데 어느 순간 슬며시 자유롭다. 자유가 행복의 손을 잡고 수줍게 얼굴을 내밀고 있다. 한발 물러섰을 때에야 순간의 작은 여유가 자유를 불러온다. 그러니 성급하게 다가가서 나는 자유인이라고 외치게 되면 도리어 숨어버릴 것이다. 자유는 정형적으로 확보될 수 있는 것이 아니라 순간의 평온과 계속되는 익숙해짐에서 발현하는 것이다.

경험

모든 경험은 하나의 아침,

그것을 통해 미지의 세계는 밝아 온다.

경험을 쌓아 올린 사람은

점쟁이보다 더 많은 것을 알고 있다.

경험이 쌓일수록 말수가 적어지고

슬기를 깨우칠수록

감정을 억제하는 법이다.

경험이 토대가 되지 않은 사색가의 교훈은

허무한 것이다.

_레오나르도 다빈치

내 마음의 주인은 나

쉬는 날 자전거를 타고 은평 한옥마을을 다녀오던 길에 집에서 키울 수 있는 새싹보리를 사왔다. 스티로폼 박스 뚜껑에 휴지를 깔고 물에 여덟 시간을 불린 보리를 가지런히 펴 놓았더니 3일째 되던 날 싹이 올라왔다. 싹이 올라오면서 뿌리도 수북이 자라 바닥에 깔려 있던 보리알들이 2센티미터 이상 위로 공중부양을 한다. 아침에 스프레이로 물을 뿌려주고 저녁에 돌아오면 엄청나게 자라있는 것이 신기하고 대견했다. 바라보는 것만으로도 마음의 평온과 행복을 가져다준다. 뿌리가 이렇게 길게 뻗으리라고는 생각하지 못했다. 그래서 스티로폼 용기 안쪽을 뿌리가 보이지 않도록 휴지로 감싸고 나서 물을 꽉 차게 부어주었다.

자기를 연장시키기 위한 목적에는 모든 유기체들이 별반 다를 바 없는 치열함을 지니고 있다. 인간의 몸도 평생 50~100회 세포 분열을 통해서 생명을 유지하다가 영구적으로 중단되는 상태에 이른다. 이 과정에서 세포 기능이 쇠약해지고 생물의 활성도에 이상을 가져온다. 그중 못된 바이러스로 인한 감염으로 세포 자살이 유도되어 희생되거나 파괴되는 경우도 생긴다. 감기 바이러스는 다른 RNA바이러스들과 마찬가지로 숙주에 침투하여 증식하는 과정에서 쉽게 변이를 일으키기 때문에 완전히 정복되기 어려운 특성을 지닌다. 이번 코로나19 바이러스로 인해 희생자가 너무 많이 나왔다. 앞으로 세계는 코로나19 전과 후로 나뉠 거라는 얘기들을 하지만 꼭 그렇지는 않다. 인류는 이미 여러 번에 걸쳐서 바이러스와의 전쟁을 경험했다. 최근의 사스(2002)와 신종플루(2009), 메르스(2012)를 빼고도 1347년과 1720년에 흑사병이 있었고, 1820년에 콜레라도 창궐했었다. 1889년의 러시아독감, 1918년의 스페인독감, 1957년의 아시아독감, 1968년 홍콩독감 등의 전염병뿐만 아니라 에볼라나 HIV와 같은 바이러스 등도 계속해서 나타날 것이다. 희생자가 어마어마하여 정확한 사망자 숫자는 누구도 알 길이 없다. 공중보건이 발달하고 개인 위생이 뛰어난 오늘날에도 이러한 전염병들이 자주 나타나는 것은 근본적으로 인간의 무분별한 욕심과 동물들의 활동 영역을 개발이라는 명목으로 침범함으로써 비롯된 것이라는 견해가 다수이다. 환경 파괴의 폐해는 고스란히 우리 인간들에게 되돌아올 것이고 자연이 그 파괴에 반응하는 속도는 이전보다 훨씬 빨라졌다. 자연이 스스로를 회복하는 능력을 벗어난 지점을 지금 인간들은 쉴 새 없이 내달리고 있는 것이다.

지구의 자원을 효율적으로 사용하기 위한 인구의 적정선은 이미 넘어섰다. 2019년 7월 기준 세계 인구 77억 명이라는 수치는 매우 우려되는 수준이다. 현실적으로 인구성장률은 미래의 경제성장률과 비례하기 때문에 자연 감소 이외에는 억지로 통제할 방법이 없다. 자본주의 모순 중의 하나이다. 생산 가능 인구의 확보는 국력과 직결되기 때문에 계속적인 인구 폭발은 불 보듯 뻔한 상황이다. 그래서 자본주의의 속도를 늦추고 자연환경을 복구하며 보다 덜 화려하게 살자는 운동도 계속되고 있다. 그러나 치열한 경쟁에서 살아남으려면 미래의 먹거리를 먼저 선점해야 한다는 강박 때문에 그 속도는 오히려 더 빨라진다. 게다가 국가 간의 경제력 차이로 인해 지금도 저개발 국가의 국민들은 기아와 전염병에 시달리고 있는 실정이다. 그들에게 삶과 죽음은 거의 맞닿아 있어 보인다.

삶의 대부분은 죽음과 연계되어 있기에 현재의 삶을 더 소중히 생각하게 된다. 내 삶의 의미를 계속해서 추구하고 느낄 수 있다면 그건 삶이다. 그러나 목숨만 연명하고 있는 생물학적 삶이라면 진정한 삶이라고 말할 수는 없으리라. 왜 사람들은 다 죽어가는 환자를 살리려고 그렇게 애를 쓰는 것일까. 그건 그의 인생이 아직 종착역에 다다르지 않았다는 믿음 때문이고, 그의 삶을 존중하기 때문이다. 또한 나머지 연장된 삶 속에서 진행될 그의 건재를 통해 내 삶의 의미에 긍정적인 영향을 받을 수 있으리라는 기대가 있어서이다. 물론 이 모든 과정에는 생명에 대한 경외심이 자리 잡고 있다.

죽음이 있음으로 해서 삶도 의미가 있는 것이다. 영원히 사는 삶이야말로 고통이라고 얘기한다. 그래도 대부분의 사람들이 되도록 오랫동안 살고자 하는 것은 삶에 대한 애착이 커서가 아니라 현재의 삶이 멈추는 것이 싫어서일 것이다. 현재의 삶이 중단되는 상황을 극도로 거부하는 몸짓은 인체 내의 어느 기관이 주도적으로 이끄는 것일까. 무엇이 내 의식 속에 계속 살아야 한다고 주장하는가.

내 몸의 구성을 담당하는 기관 중에서 최상위의 결정권은 뇌와 중추신경에 있다. 몸을 지탱하고 있는 뼈와 근육이 나를 외부적으로 나타내는 표석이며 신경세포라는 통신망을 통해 각 기관이 연결되어 있다. 이외에도 수많은 기관이 있지만 무엇보다 '나'의 사령탑은 두뇌와 중추신경이다.

그런데 몸은 마음의 통제를 받기 때문에 보다 상위의 결정 기관은 마음이다. 마음은 반복된 신경회로에서 집적된 형태로 두뇌에서 발현한다. 마음이 심장에 있다고 느끼는 것은 마음이 작동될 때 가장 먼저 심장의 혈류에 변화가 생기기 때문이다. 기쁨이나 두려움으로 가슴이 뛰는 경험 속에서 우리는 이것을 감지한다. 숨으로 가빠오는 뻐근한 느낌의 허파는 어떨까. 손끝에서 감지되는 촉감은 마음이 아닌가. 눈은 또 어떠한가. 게다가 몸의 주요 부위에는 고도로 발달된 신경세포가 모여 그물코 모양의 작은 집단을 이루는 자율신경의 집합체인 신경총nervous plexus이라는 부위들이 있다. 이곳을 통해 느껴지는 예민한 감각들은 두뇌와 직접 소통한다고 알려져 있다. 뒤돌아 있어도 상대방의 움직임이 어느 정도 감지되는 이유는 몸 전체에 존재하는 신경총들의 능력이다. 이것은 인간에게 소위 직관으로 다가올 것이다.

마음은 기억과 경험을 재구성하는 과정 중에 발현하는데 기억 자체가 뇌뿐만 아니라 신경계 전체에서 일어난다고 보는 학자도 있다. 뇌에는 100억 개 이상의 신경세포가 있는데 각 세포 당 1천 개에서 1만 개의 시냅스들로 신경회로망을 구성하고 있다. 이 시냅스에서 신경전달물질이라는 화학물질을 통하여 다른 신경세포와 연결되면서 마음이 결정된다. 입력을 자주 받게 되면 시냅스는 계속 연결되고 학습이 이루어지며 각인되고 기억된다. 조지프 르두는 《시냅스와 자아》에서 '자아는 곧 시냅스다'라고 말한다.

마음이 시냅스에서 발현한다고 한다면 '나'는 바로 그곳에 있다. 그런데 내가 현실 상황을 인지하고, 신체를 점검하고, 감정을 파악하고, 본능의 지시를 확인하고, 이성적 결정을 내리는데 가장 많은 영향을 미치는 것은 이중에 있지 않을 수도 있다. 나도 모르게 나를 움직이는 가장 강력한 신경전달물질이 존재한다. 아세틸콜린, 도파민, 에피네프린(아드레날린), 세로토닌, 글루타메이트, 감마아미노낙산, 엔도르핀 등이 그것이다. 아니면 중추신경계에서 나타나는 신경전달물질과는 다른, 뇌하수체, 갑상샘, 부신, 이자, 생식샘 등의 내분비계에서 생성되는 각종 호르몬도 있다.

그럼 내 마음의 주인은 나의 주체적 자아가 아니라 겨우 신경전달물질이나 호르몬 같은 화학물질이란 말인가. '나'라는 주체는 이 모든 것, 몸과 정신(마음)이 서로 교류하고 타인에게서 인정받는 인격적인 총체성의 존재이다. 마음이라고 해도 마음 자체로 존재할 수는 없다. 이성적 정보의 뇌를 더 신뢰할 수도 있고 감정적인 판단에 내맡기는 것을 좋아할 수도 있고 본능의 감각에 따를 수도 있다. 때에 따라서는 무작위 선택을 할 수도 있지만 어떤 특정하고 적극적인 자극 상태에 따라서 마음은 결정된다. 또한 몸이 원하는 바에 따른 몸의 결정도 존재한다. 마음이 주도적으로 판단하는 경우는 그리 많지 않을 수도 있다는 얘기다. 몸과 마음은 따로 분리되어 있는 것이 아니다. 둘은 처음부터 하나이다. 마음은 몸 전체에서 발현한다. 시냅스의 자아는 그것을 순간적으로 종합하고 결정할 뿐이다. 혹자는 신체 세포수 100조 개의 10배에 달하는 박테리아가 몸의 주인이라고도 한다. 인간은 이 모든 것의 단일체이다. 그래서 죽음의 주체는 '나'이다. 우리 몸과 마음의 모든 곳이 거의 동시에 생의 긴장을 멈춘다. 나라는 유기체 구성 성분 중에서 죽음을 견디고 살아남을 것이 있는가. 아주 오래 전부터 인간과 공존하며 각 기관에서 몸을 보호하고 구성해왔던 5천 종, 혹은 1만 종 이상의 몸속 박테리아조차 개인의 죽음과 더불어 소멸한다. 나는 타인이 가지고 있는 나에 대한 기억만으로 추억된다.

그러나 결과적으로 나의 죽음은 나에게서 아무것도 앗아가지 않는다. 죽음이 내게서 생명을 앗아가는 것이 아니라 내가 생명을 떠나 죽음에 이르는 것이다. 내가 곧 생명과 죽음의 주체이니까. 죽음은 나의 적이 아니라 나의 몸이 된다. 내가 죽으면 가장 손해 보는 것은 내가 아니라 나를 통해서 위안과 기쁨을 느꼈던 사랑하는 사람들이다. 그들에게 있어서 죽음이 나를 앗아간 주체가 되는 것이기에 죽음을 미워하고 나를 추모할 수 있는 것이다. 부부 중의 한 사람이 먼저 죽으면 남은 한 사람도 극심한 스트레스에 시달리고 몸의 균형을 잃어 면역력에도 취약해진다. 서로를 의지하며 같은 방향을 바라보며 걸어왔는데 다시 홀로 걸어가야 한다면 왜 안 그렇겠는가. 부부가 사별하는 경우 남은 한 사람의 수명에도 영향을 미치게 된다. 사랑하고 의지하는 정도가 강할수록 더욱 그러할 텐데 홀로서기를 준비하기까지 많은 시간이 걸릴 수도 있다. 같은 날 같이 죽을 수 있으면 좋겠다는 바람을 가지고 있어도 어느 한 사람은 홀로 남아 슬퍼해야 한다. 이 세상 모든 부부들의 운명이다.

마음

내 마음 속에 어떤 공허감이 있다면

그것은 자기가 어떤 것을 찾고 있다는 증거이다.

그러나 부족한 것을 외부에서 찾을 수는 없다.

마 음 속 공 허 감 은

우리 내부 생명력의 새로운 발동으로서만

치료되고 보충될 수 있다.

_파스칼

영원한 자유를 추구한다는 것

우리가 죽음에 대해 말하기를 꺼려하는 이유는 그 양태의 명확하지 않음과 오히려 명확하지 않음으로 남겨두고자 하는 의도 때문일 것이다. 가급적 죽음을 회피하고자 하는 본능도 이에 해당된다.

유체 이탈의 원인은 교통사고와 같은 갑작스런 충격이나 몸으로 흡수될 수 없는 고통 속에서 나타난다고 알려졌다. 또한 그것을 여러 번 경험했던 사람들의 진술에 의하면 폐쇄된 공간, 실내등이 켜져 있는 상태, 천장을 보고 반드시 누운 상태, 극심한 육체적 피로, 장기간의 수면 부족 등을 통해 사고 이외의 상황 하에서도 일어난다.

유체 이탈이란 개인의 몸에서 의식 작용을 불러일으키는 어떠한 주체가 몸을 떠나 존재하다가 다시 몸으로 되돌아오는 현상을 말한다. 이것은 종교적, 문화적 성향에 따라서 다르게 불릴 수 있다. 이것이 죽음의 한 형태로서 유체가 몸으로 되돌아오는 경우를 회복이라 부르고, 그렇지 못한 경우를 죽음이라고 부른다. 이것은 죽음의 체험인가, 아니면 고통을 다스리기 위한 신체 기관의 작용인가, 그것도 아니면 하나의 정신적인 병리적 현상인가. 유체이탈이건 아니건, 혹은 다른 어떤 현상이건 중요한 것은 이러한 근사 체험 속에서의 의식은 또렷하고 명징하며 고요함 속에서 이루어진다는 것이다.

혹시 두뇌가 아닌 곳에서 발현되는 의식 작용의 가

능성은 없는 것인가. 몸의 신체 기관 어느 한 부분, 혹은 인간이 지금까지 제어할 수 없고 확인할 수 없었던 각 기관들의 자유 의지를 통한 자기에의 협력 가능성 말이다. 그 중에서 눈은 모든 사물을 바라보는 창구로서 두뇌에 그 정보를 제공한다. 눈 속에 정보의 윤곽이 잔재하여 하나의 데이터화 되었을 가능성과 두뇌의 최소 부분만을 빌려 쓰는 눈의 자기 작용 가능성은 어떨까. 그것은 불가능한 일이다. 신체 각 기관들이 어느 정도의 자율신경에 의해 작동되지만 비교와 연산 작용, 의식적이지 않은 결과 도출이라는 시스템을 두뇌가 눈치 채지 못하게 정착시켰을 가능성은 없다. 단지 유체이탈 현상은 의식의 집중으로 나타나는 흔치 않은 과정에서 명상의 최고의 순간과 같아 보일 뿐이다. 또한 몰입을 일순간에 정지시킨 구도자들이나 무술의 고수들이 느끼는 초감각적 세계와도 관련이 있을 것으로 추측된다.

이러한 현상들이 정말로 죽음 이후의 세계, 내세에

대한 증거라고 설득될 여지는 없을까. 어쨌든 이 공통적인 경험들은 가능성이 아니라 실재성을 말해준다고 얘기한다.

죽은 사람들과의 조우는 어떻게 설명될 수 있으며, 죽었다가 다시 살아 돌아왔다는 사람들의 자가 치유 현상은 어떤가. 천주교 신자들은 성모마리아를 만났다고 하고, 불자들은 다양한 부처들을 보았다고 하며, 그렇지 않은 경우 대부분 돌아가신 조상과 대화를 나누었다고 한다. 진심으로 자기 자신의 최고조 속에서 누군가를 그리워했을 때, 특히 모든 에너지의 소진 끝에 유일하게 남아있던 동력이 원하는 대상의 구현을 가능하게 할지도 모른다.

자기 위로가 마침내 하나의 형상을 가지고 나타나는 단계에 이르게 된다. 그것은 자기 삶의 이해와 관계가 있을 것이기 때문이다. 보통은 자기 속에 자기를 소진시키지만 그 이외의 타자를 주춧돌 삼기를 원했을 때 위로는 크게 다가온다. 인간이 의식적으로 상상할 수 있는 모든 형태는 스스로 가지고 있는 특정한 에너지 속에서 구현될 수 있을지 모른다. 현실 안에서는 그것이 꿈이나 환상 으로 평가되더라도 개인이 가지고 있는 고유한 에너지의 차원을 떠난 발현은 실재할 수도 있다. 그리고 동종의 에너지 형태를 갖고 있는 개체들의 자연스런 융화 또한 생각할 수 있다. 그것이 가능하다면 에너지 네트워크를 통해 특별한 능력의 교류나 습득, 전이 등은 납득 가능한 일이다.

제프리 롱의 《죽음, 그 후》에서나 엘리자베스 퀴블러의 《사후생》에서는 유체 이탈을 통한 사후 세계의 체험에 논거를 할애할 뿐 그 이상의 철학적 사유는 보이지 않는다. 단지 나비가 고치에서 빠져나오듯 인간의 삶 또한 제 2의 정신적 에너지를 통해 사후의 삶이 존재할 수 있다는 가정뿐이다. 그리고 오히려 이 가정을 결론으로 미리 상정해놓은 듯 보인다. 종교적인 문화가 학문의 영역에까지 오랜 시간 뿌리내린 탓일 것이다. 그만큼 인간은 죽음을 두려워해왔다는 사실을 보여준다. 심장도 뇌도 호흡도 정지했는데 몸을 빠져나간 의식의 일시적 활동 가능성이 존재한다면 이는 탈의식이라고 불리는 것이 맞다. 이것은 아직 밝혀지지 않은 생명 현상이다. 이 탈의식은 심장이 멈춰선 상태에서의 것과, 멈춰서기 전의 상태에서의 것으로 구분된다. 이 둘의 가장 큰 차이는 심장 정지시의 탈의식은 그렇지 않은 경우보다 의식이 보다 멀리 나아가고 더 다양한 경험을 한다는 데에 있다.

보통 뇌사라고 하면 뇌 활동성은 정지 상태에서 심혈관기능만 인공적으로 유지되고 있는 상황을 말한다. 과거와는 다르게 사망을 지연시키는 의료 기술의 발달로 인하여 산 것도 죽은 것도 아닌, 삶과 죽음의 중간단계가 계속될 수 있는 환경이 만들어져 있다. 뇌의 기능은 멈추었으나 호흡은 인공적으로 유지되고 있을 때, 아직 혈액이 혈관 속으로 공급되고 있는 상황 하에서 유체 이탈은 경험될 수 있다. 여기서 가정 하나가 필요하다. 유체 이탈 이후 되돌아오는 과정이 있으면 삶이고 되돌아오지 못한다면 죽음의 경험이라는 가정과 유체 이탈 자체가 어쨌든 되돌아올 수밖에 없는 삶의 경험이며 죽음과는 아무 관련이 없다는 두 번째 가정이다.

이미 임상적 죽음을 선고받은 사람을 냉동시켰다가 의료기술이 발달한 미래에 되살리는 것이 가능하다면, 이때 육체의 회복과 함께 별빛처럼 되돌아올 의식은 어디로부터 오는 것인가. 유체가 육체를 떠나 현재를 벗어났다면 육체의 회복을 어떻게 설명할 수 있을까. 의식은 육체를 떠나 존재할 수 있는 것이 아니라 육체 속에서 구현되는 현상인 것이다. 의식만으로 에너지라는 물질을 구성할 수 있다는 가정은 극히 제한적이다. 생명 에너지의 잔존이 우주의 대기 속으로 희석되어 퍼져나가 나와 유전자가 같은 자들과 일부는 공유될 수도 있다. 그러나 그 에너지 속에는 주체성이라는 건더기는 없을 것이다. 몸속의 의식과 친근한 에너지가 그만한 영향을 주고받을 수 있다는 뜻이 될 뿐이다.

육체를 떠난 의식이 경험되는 것은 무엇 때문인가. 특수한 상황 하에서 의식은 스스로를 보호하기 위하여 공통적으로 발견될 수 있는 패턴을 만들어 삶을 시도하는 것인가.

노화란 세포의 보호자 단백질 활동과 실행자 단백질 활동이 벌이는 대립과 균형의 타협(《죽는다는 것은 무엇인가》, 장 클로드 아메장)으로 나타나는데, 실행자 요소가 많이 활성화되는 상태의 누적이 원인이라고 한다. 죽음은 그 최종적인 결과가 된다. 죽음은 저체온, 경직, 탈수, 평탄 뇌파, 반사 작용 정지, 근육 이완 등이 아주 짧은 시간 사이에 진행됨으로써 나타난다. 이 과정 속에서 잔존 의식의 마지막 특별한 경험이 있을 수 있다. 오늘날 사람들이 관심을 갖는 것은 이 세상에서 시작한 자아실현의 여정이 죽음을 초월해 새로운 방식으로 계속해 나갈 수 있느냐는 것이다.

죽은 후에도 계속적인 삶의 가정은 존재의 향유에 의미가 있다. 삶의 전과 후가 이어져 있을 거라는 예단은 에너지의 지속적 사용이라는 상태를 얘기한다. 인간의 삶이란 에너지의 소진과 형성의 복합 과정으로 남은 에너지의 잔존이 어떤 형태로 세계와 조우 가능한가의 문제를 남긴다. 에너지의 잔류가 존재하지 않는다면 죽음은 그 자체로 삶을 마무리 짓는다. 그러나 삶을 통한 에너지의 완벽한 소진 이외에 죽음 앞에서 그 일부가 남겨질 가능성은 계속해서 타진되어 왔다. 자연에 흡수되어 그것의 일부로 참여할 가능성과 새로운 차원의 의식적 모험을 떠날 가능성 말이다.

유체 이탈의 존재가 죽음의 경험이라면 이 가능성은 커진다. 그러나 인간의 에너지 소멸 전에 느끼는 자기 위안의 형태로 나타나는 삶의 경험이거나 꿈의 예측 능력처럼 본래의 생리적 현상이라면 밝혀지지 않은 우주적 문제의 하나가 해결되는 것이다. 시간은 상대적인 것이라서 죽음의 순간 자기 위로의 생리적 현상을 영원으로 느낄 가능성은 얼마든지 있다.

인간 이외의 다양한 동식물들, 생명을 가지고 있는 것들도 에너지를 형성하고 소진한다. 인간이 그런 동식물들과 다른 특징 중에 가장 두드러진 것은 뇌신경망의 발달에 있다. 사회적으로 학습된 복잡한 행동이라고 엄격히 정의되는 문화는 확실히 인간에게만 있다고 에드워드 윌슨은《인간 본성에 대하여》에서 말한다. 인간만이 갖고 있다고 가정되는 사후 세계는 문화의 산물일 것이며, 그 문화가 몸을 떠난 정신을 존재하게 하는 구성물일 수 있다. 인공지능 로봇도 꿈을 꿀 수 있는 시대가 올까. 그것이 가능하다면 회로의 수명이 다하거나 망가져서 더 이상 사용할 수 없게 되어 폐기처분된 로봇의 회로도 물리적 사망에도 불구하고 정신적 사망은 오지 않는 것인가.

사망 후 인간 의식의 잔존이라는 문제는 다른 동식물들의 의식의 잔존이라는 문제까지 포함해 포괄적으로 다루어져야 한다. 그들도 살아남기 위한 생존 본능뿐만 아니라 일정한 정서와 무의식을 가지고 있는 생명들이기 때문이다. 동식물은 영양 성분의 형태로 다른 동물과 인간을 통해 에너지를 잔존시킨다. 나무는 건축물을 통해 에너지를 잔존시키며, 꽃은 꿀과 향수로, 잡초는 두엄으로 에너지를 잔존시킨다. 인간이 잔존시킬 수 있는 것은 토양에 흡수될 양분과 경험들에 대한 기록, 유전자 사본과 창조한 예술품, 살아있는 자들의 기억 속에 존재하는 애증이 전부이다.

말하자면 유전자와 기억뿐이다. 그 이상을 남기고 싶어 하는 욕망은 죽음 이후의 삶을 꿈꾸게 만들었으며 의식적으로 존재 가능할 수 있다는 가정을 성립시켰다. 뇌의 무의식은 몸의 세포를 구성하고 있는 단백질의 자율 작용에 영향을 받는 무의식을 포함한다.

단순히 무의식적인 신경 과정이 뇌를 통해서야 인지될 수 있다고 해도 그 세포 단백질의 경험이 없다면 뇌의 활동도 불가능하다. 세포는 단순한 매개자이거나 전달자가 아닌 실행자이며 활성자이다. 세포의 독자적 역할이 뇌의 인식에 직접적 영향을 미칠 수는 없으나 의식 이전의 단계에 참여하고 있다는 것만은 분명한 사실이다. 계속되는 세포 분열을 통해 능력을 소진한 세포는 그 이상의 유기체의 지속을 도모하지는 못한다. 그 복잡한 신경망 안에 존재했던 지식과, 더 고차원의 지혜, 수많은 감각과 지각이 어우러진 주체는 어떻게 물질들의 소멸과 더불어 사라졌을까.

유기체는 실제 감각을 통해서야 물질을 느끼고 정신을 인식한다. 진화조차도 '환경에 순응하고 변화에 적응'하는 행동에 달려있다면 이 또한 물질과 정신을 매개하는 감각의 역할을 통해서 가능할 것이다. '유기체의 일생 동안 일어나는 사건들'이 '고도로 질서 있는 원자 집단'에 의해 (' '는 에르빈 슈뢰딩거) 제어된다고 해도 뇌와 같은 복잡한 신경망을 가지고 있는 것은 아니다. 그러나 신경회로망에 버금가는 분자들의 상호 인식 체계를 통해 '우연'이 도모된다는 사실은 물질이 정신의 모태라는 것을 확인시켜 준다. 신경회로망에서 감각에 관여하는 신경전달물질이 분비되면 인식이 발현한다. 신경회로망 자체를 놓고 본다면 그것은 물질이다. 시냅스 소포라는 주머니에서 신경전달물질이 분비되어 시냅스 간극 사이로 신경 충격이 전달됨으로써 감정과 운동과 인지와 기억이 일어나고 이는 다시 신체의 감각기관에 전해지고 피드백 된다. 감각은 물질도 정신도 아닌 느낌이다. 놀람과 호기심, 즐거움과 쾌락, 두려움과 긴장, 소화와 배변, 흥분 등이 그것들이다. 말하자면 유기체의 진화 과정에 가장 큰 역할을 맡은 것은 감각으로써 이를 통해서 생명체는 육체를 보완하고 정신을 확장시켰다.

　모든 감각을 동원한다고 해도 신체기관의 각 세포에 나의 의지를 전달해서 인위적으로 그것들을 통제하고 교정할 수는 없다. 진화 과정이 오랜 시간 복잡하게 이루어져 왔고 감각적 본능이 쇠퇴했기 때문에 신체경로에 대한 정신의 직접적 개입이 불가능해진 것은 아니다. 세포들의 행위는 자율적이며 본능적이다. 어떤 특정 조건 하에 미래의 일부 생명체에게서 그것이 가능하게 될는지는 모른다.

정신이 에너지라면 이것의 전이는 가능해질 것이다. 정신은 감각이라는 도구를 통하여 뇌 회로망이라는 물질계 속에서 존재할 수 있다. 또한 그것은 하나의 입자가 아니라서 공기 중에 전달되거나 스스로 이동할 수 있는 것도 아니다. 그리고 그것이 전파처럼 고유의 주파수를 가지고 있는 것이라고 해도 전파 발신기라는 하드웨어를 통해서만 구현될 수 있다. 게다가 정신은 단순한 프로그램이나 데이터가 아닌, 총체적인 그 이상의 것이다. 의식은 의식을 통해서 전달될 수 있다. 정신이 잔류 에너지로서 자연의 한 부분으로 남을 가능성보다 새로운 정신 속에서 본래의 모습, 혹은 변화된 모습으로 태동될 수 있다는 얘기다. 위대한 자의 정신이 끊임없이 새로운 개체를 통해 이어지고, 영웅의 기상이 전해지며, 의사자의 희생은 기억된다. 사회가 존재하고 인간들의 조직체가 모범 사례를 필요로 한다면 정신은 언제든지 불러내어진다. 그러나 세계를 구동시키고 생명의 흐름에 질서를 부여하는 정신의 힘을 에너지가 아니라고 단언할 수만은 없다. 그것은 물질이 아니라고 해도 전해지고 남는 속성을 지니고 있다.

우리가 확인하고 싶은 것은 죽음 이후 정신의 주체적 활동 가능성이다. 죽음 이후에 상정할 수 있는 정신의 모습은 물질이 아닌, 측정할 수 없는 에너지이면서 실체성을 띠고 있어야 한다. 전기, 바람, 열, 압력, 원자력, 빛, 화학물질 등의 물리적 에너지는 아닌, 그러나 물리적 에너지에 영향력을 행사하여 고유의 자기를 나타낼 수 있는 힘, 이 힘은 육체의 노쇠와 더불어 모두 소진되어 갔을까.

죽음 이후 에너지화 된 정신 활동이 존재한다면 잔

류 에너지를 고효율로 사용하는 아주 특별한 영구 기관이 되어야 한다. 하지만, '그 주장들은 유지될 수 없으며'(《아인슈타인의 베일》, 안톤 차일링거) 현재 세계에서는 앞으로도 그럴 가능성은 없다. 그것은 차원을 벗어나는 곳에서 판단될 수 있을지는 모른다. 죽은 육체의 유기물이 자연에 의해 분해되고 에너지화 되는 것을 보더라도 영구적 엔탈피의 가정은 어려운 일이다.

빛이 진행하는 것은 내부에 구심점이 없어서이다. 정신의 구심점은 육체이다. 구심점을 잃은 정신은 잃어버린 평형을 유지하기 위해 어디론가 진행할 것이며 진행하는 동안은 입자이다. 그 진행 방향은 원래의 육체가 가고자 했던 곳이다. 그리고 맞닿게 되는 현재를 통해 진행을 멈추고 에너지로 통합되어 남을 수도 있다. 정신은 질량을 가지고 있지 않다. 빛 속의 광자도 마찬가지이다. 구조론으로 보면 소립자는 알갱이가 아닌 하나의 평형점이다.

육체라는 매질을 잃어버린 정신은 파동으로 진행하며 평형을 찾아 진동하다가 어떤 에너지계에 닿아 소멸 또는 그 밖의 방법으로 평형을 회복할 것이다. 정신이 에너지계에 속해 있다면 말이다. 죽음이란 모든 에너지의 소진 끝에 오는 현상이지만 삶에서 발현된 숭고함과 배려와 순수한 자유의지는 남을 것이다.

인간의 정신 중에서 순수하게 자기 성향이라고 불릴 수 있는 흔들리지 않을 의식은 얼마나 될까. 정화된 정신이 어느 순간 세계의 정신이 되고 영원성을 부여받는 세계의 일부를 차지한다. 고독 없이 스스로 존재하는 총화적 환희에는 선택의 소중함이 없다. 고독이 존재를 증명해줄 수 있을 뿐이다. 현재의 이어짐이 끊기면 정신은 쉬고 싶어질 것이고 정신에 할양된 의지라는 동력은 삶이라는 표석만을 남긴다. 마지막 궁금증은 만약 정신계로만 이루어진 세계가 존재한다면 자기기만, 악덕, 자본의 편중을 어떻게 읽어내고 해결할까. 인간 최후의 종교는 인간학이란 것에는 모두 동의할 것이다. 의식은 태동할 때와 소멸할 때 동일한 과정을 역순을 거치는 것으로 보인다. 최대한 불온한 시간을 짧게 단축시켜 온전한 삶을 끝까지 밀어붙이는 노력이 자기관리이다. 죽음에 이르러 최소한의 잔류 에너지가 존재한다면 자연과 어떻게 호흡할 것인지를 생각하는 것이 마지막 즐거운 모험이 될 것이다. 영원한 자유를 추구하는 일이 말이다. 그런데 이제 오염되지 않은 것이 없으니 죽어서 돌아갈 만한 자연이란 것이 있기나 한 것인지 모르겠다.

죽음

아무도 죽기를 원하지 않는다.

그래도 죽음은 우리 모두의 숙명이다.

아무도 피할 수 없다.

왜냐하면 죽음은 삶이 만든

최 고 의 발 명 품 이 기 때 문 이 다 .

_스티브 잡스

3장

자유가 나를 위로해줄 것이다

마음을 여는 기술

세상에는 재능으로 성공하는 사람들이 있으며, 지식으로 성공하는 사람들, 용기로 성공하는 사람들과 투자로 성공하는 사람들이 있다. 그리고 기술로 성공하거나 신념으로 성공하는 사람들도 있다. 그렇다면 자유로 성공하는 사람들도 있을까. 자유는 성공을 위한 수단이 아니라 목적이기 때문에 모든 성공의 지향점이면서 안락하고 평화로운 터전이다. 자유가 지배하는 공간과 자유로 가득 찬 시간들을 개인적 선택과 노력들로 채우는 일이 삶이다.

삶이란 여러 단위의 시간들로 구성된 조합품이다. 그것은 하나의 성공 뒤에 뒤따라오는 다른 시간들을 채우는 노력을 통해서 계속된다. 그 개별 시간들이 개인의 경험을 통해서 이어짐으로써 한 사람의 인생을 오롯이 이해할 수 있다. 물론 단 한 번도 성공에 다다르지 못하는 삶이 대부분이다.

성공을 거치지 못했다고 자유가 없는 것은 아니다. 비록 화려하지는 않더라도 자유를 느끼려고 애쓰는 과정 속에서 그것은 체감되고 개인의 생존은 지속된다. 얼마만큼 조화롭게 세상과 호흡하느냐에 따라서 개인의 삶의 만족도는 차이가 있는 것이라서 양적 자유는 중요하다. 물론 자유의 시간들이 모두 자유롭지는 않을 것이며, 자유의 공간이 모두 충만함을 느낄 수 있는 열린 장이라고 할 수도 없다. 자유 또한 주관적으로 경험되는 것이기는 하나 상대적으로 폭넓은 시간의 확보가 중요하다.

자유는 근본적으로 깨달음이다. 자유는 일상의 다양한 고뇌에서 스스로를 깨치고 나오는 경험이다. 그런 면에서 세상을 살아가고 있는 모든 사람들은 구도자들이며, 순례자들이다. 어떤 삶이라고 할지라도 저마다의 깨달음을 견지하며 살아가게 된다. 현실 속에서 수없이 마주치는 고통과 괴로움을 해결해나가는 과정에서 느끼는 깨달음은 삶의 지혜이다. 고통이 많을수록 깨달음도 많다. 특정 사람들은 자신의 고통이 아닐 수도 있는 문제들을 풀고자 하는 고뇌를 통해서 보다 깊은 통찰력에 이르게 된다.

지식이 많을수록 깨달음의 정도도 깊지만 무지 속에서 태동하는 깨달음 또한 귀한 것이다. 현실은 깨달음을 통하여 내일을 기약하고 그것을 바탕으로 미래를 설계한다. 자유는 목적이면서도 삶의 동력인 것이다. 시장에서, 일터에서, 쉼터에서, 독서실에서, 야외에서 누구나 순간

순간 일정한 깨달음을 얻기에 삶은 유지되는 것이다. 세상과 사회와 인간에 대한 조망을 통해 얻는 자유는 근본적으로 자기 자신에 대한 열림이다. 왜냐하면 자유는 나를 엶으로써 궁극적으로 세계와 합일되는 경험이기 때문이다. 세계가 먼저 존재했고 나는 그 존재함에 참여하기 때문에 자신이 낯선 존재라고 느껴진다. 이 낯선 당연함을 극복하고 앎이 확보됨으로써 자유는 구가된다. 이 앎이 확보되는 일은 바로 세계에 대하여 자기 자신이 열리는 순간이므로 이 열림을 우리는 자유라고 말하는 것이다. 그런데 이 열림은 통째로 이루어지는 것은 아니라서 한 번의 열림 뒤에 계속해서 열려야 한다. 만약 한 번의 열림으로 합일을 구현할 수 있다면 모든 현재들은 낯선 것이 없고 따라서 말도 없어진다. 왜냐하면 말이란 알고 있는 것을 사용하여 정확히 알지 못하는 것에 대하여 개략적으로 설명하는 장치이기 때문이다. 말 없는 현재는 이미 세계와의 합일이 이루어진 상태이기 때문에 더 이상 아무런 역할도 할 수 없으며 펼쳐진 채로 굳어있어야 한다. 이 총체적 열림은 부자유가 없으므로 삶이 앞으로 진행되지 않는다는 것을 뜻한다. 또한 말할 수 없는 세계와 마찬가지로 스스로도 말 없는 자가 된다. 그는 완전히 자유롭기에 일차적으로는 불완전한 말을 사용할 필요도 이유도 없다. 따라서 궁극적 자유는 말의 부재 상태이다.

한 번에 전체 열림을 경험할 수도 없을뿐더러 순차적으로도 모든 열림을 경험할 수도 없다. 삶의 부자유는 인간의 터전이면서 생명의 근원이다. 반대로 자유는 그 얽힘을 풀어나가는 개인의 역동으로서 주체를 구성하는 근본요소이다. 열림은 존재에게서 계속되는 열림을 추구할 수 있는 새롭고도 텅 빈-충만함으로 가득 찬 경험이 된다. 그러나 텅 빈-충만함은 일시적이며 그 자리에 잠시 물러났던 부자유가 다시 고이게 된다. 열림은 지혜를 남기고 기억 속에 각인되며 이 경험들의 집적은 주체를 확충시키기에 이른다. 자유에 대한 경험이 많을수록 주체는 세밀해지고 강건해지며 더 풍성해진다.

깨달음은 자유이다. 그런데 이 깨달음을 통한 앎이 다 채워지지 않은 상태의 죽음 또한 자유인가. 죽음에 할당된 자유는 주체를 통해 복원됨으로써 지금까지 존재했던 모든 삶 속에서 경험되었던 열림으로 나타난다. 그리고 마지막 열림을 통하여 주체는 자기 자신조차 고스란히 내어준다. 안락에 대한 기대 때문이기보다는 스스로 최종적으로 열린 상태로 주체는 세계와 능동적으로 합일된다. 바르게 산 사람들의 주체는 흠결이 없다. 베풀고 산 자들의 주체는 아름답다. 성품이 고결한 자의 주체는 흔들리지 않는다. 열림이 자유라고 했듯이 자유로운 경험이 적은 자의 죽음이 평화로울 가능성은 별로 없다. 죽음을 통해서 자유로운 것이 아니라 자유로울 수 있어야 죽을 수 있기 때문이다. 자유는 평화로운 죽음의 전제조건이다.

열림의 장소와 시기는 중요하지 않다. 단지 그것을

더 적극적으로 경험하기 위하여 여행을 하고 독서를 하는 것이다. 그렇다고 단순한 독서와 사색이 나를 무조건 열리게 하지는 않는다. 내 마음의 변화가 동반되어야 열림의 순간이 찾아온다. 아무리 좋은 문장을 접할지라도 내가 닫혀있으면 앎은 무용지물이다. 지식은 자유에 도움을 주지만 단순한 지식으로 열림이 경험되지는 않는다. 게다가 자유는 만병통치약도 아니다. 자유에도 고독이 묻어있으며 슬픔과 상처도 포함되어 있다. 다만 자유는 그것들을 중화시킨다. 울분과 억울함과 회한과 후회와 갈등을 하나의 작은 대상으로 바라볼 수 있다. 시지포스가 산을 내려오면서 느꼈던 일시적 자유에는 자기의 고통을 희화화 하지 않고 존재의 부조리를 끝까지 긍정하며 비합리적 세계에 대하여 물러서지 않는 것에서 의미를 찾는, 자기 자신에 대한 수긍이 담겨 있다.

자유는 때로는 고독한 것이다. 내가 이 순간 땅을 딛고 서 있지만 나의 존재가 세계의 부조리에 맞서 절체절명의 순간들을 이어나가는, 영원한 형벌 앞의 고독도 경험한다. 끝날 수 없는 형벌이기에 벗어남에 대한 일말의 희망도 갖지 못하는 자의 존재 의미는 무력한 자유에서 기인한다. 게다가 나와 나를 연결해주는 그 무엇, 가족과 친구들과 집단으로부터 소외된 상태에서 홀로 경험하는 자유와 고독은 근본적으로 같은 것이다. 그 틈새를 열고 삶을 진행시켰을 때 따르는 형벌이 언젠가는 죽음으로 나타나는 것이다. 인간은 결국 그 죽음을 통하여 세계의 부조리에서 해방될 수 있다. 무력한 자유는 무의 경험이 아니라 스스로에게 존재의 답을 요구하는 질문이다.

고양이가 참새를 잡으려고 숨죽이고 있을 때 참새를 멀리 쫓아버리는 '나'와 숨을 참고 고양이를 응원하는 '나'는 동일한 '나'이다. 순간의 본능에 따라 행동하기는 쉽지만 내 행동의 자유에 대한 근거를 찾는 일이 또한 고독이다. 자유는 일정 부분 자기 자신을 대상화시켜 바라볼 수 있음으로써 얻어질 수 있기에 나를 떠난 자유도 존재한다. 그렇지만 언제나 자기 자신에게로 되돌아갈 수 있음을 알기에 흔쾌하게 자기를 열어젖힌다. 그 속에서 단점 많은 사람일지라도 부족함을 수긍하고 세계에 대하여 떳떳함을 찾는 일이 자유의 또 다른 본질이다.

자유의 다양성은 인간에게 우연을 허락한다. 우연이란 현재의 내가 과거의 나에게 적응하려는 과정에서 생성된다. 훗날 또 다른 나는 지금의 나를 맞춰줄 것이다. 그건 내가 나 자신을 아낌으로써 스스로를 긍정하는 방식이다. 그런 면에서 자아의 동일성은 자기 자신에 대해 말을 자제하는 사랑의 표현이다. 타인과 결부된 사건들에서 마주친 우연은 나의 동일성으로부터 파생되는 작은 소동이다. 그래도 이 정감 있는 상황을 굳이 보듬고 싶은 것은 인연으로 이어질 수 있다는 기대가 나를 설레게 하기 때문이다. 그러나 그 인연은 영원하지가 않다. 그 인연조차도 나의 동일성에서 기인하는 무지개이기 때문인데 계속 집착하게 되면 내 기존의 삶조차 어지럽게 된다. 언제나 시간을 새롭게 써 나가야 하는 것이 존재의 운명이다. 사랑조차도 굳건히 지키기 위해서는 자기에게 할당된 시간과 싸워야 한다. 제대로 된 인연이란 나의 변화와 더불어 상대방의 변화조차도 서로 어울릴 수 있어야 하는 것으로써 이는 극히 드문 예이다. 이 과정에서 크고 작은 양쪽의 희생이 따르고 그것을 기꺼이 감내하고자 하지만 그러려면 상처를 받아들여야 한다. 서로의 상처를 내 것인양 껴안을 수 있을 때 비로소 정이라고 부르며 같이 살아간다. 삶에서 진주를 발견하려면 자기의 눈을 볼 것이며 그것을 소중히 해야 한다. 결국 누구나 인생의 시험에 들게 될 것이며 싸울 대상은 자기의 그림자일 것이다.

예정된 미래는 자기와의 약속에 다름 아니기에 꿈을 많이 꿀수록 세상은 내게 가깝게 다가온다. 성공만을 향하여 달리는 길이 풍요롭기를 기대한다면 도대체 왜 세계는 내가 꿈 꾼 것은 주었지만 그 이상은 주지 않았나 하는 물음에 대한 답도 스스로 찾아야 한다. 그건 삶의 목적으로 어떤 성공을 원했는가에 따라 달라진다. 꿈꾸지 않은 죄에 대한 형벌은 고독이지만, 고독의 의미조차 모른다면 성공은 단지 시간을 채우는 아우성에 불과한 것이다. 개인이 느끼는 인생의 무게는 동일하기에 폄훼된 잣대 속에서 만족을 알며 사는 사람들을 이해하지 못하는 것은 당연하다. 돈은 자유이지만 사실은 고독이기도 하다는 것을 이제야 깨달았다면 작은 일에서 행복을 찾을 줄도 알아야 한다. 고통에서 행복을 분리해내는 능력은 작게는 시지포스의 무력한 자유에서 나오는, 고통을 둔감하게 하여 자기를 버티는 힘이지만 점차 희망을 가진 자의 자유로 확장시킴으로써 스스로를 열어놓는 것이다. 자유의 기술은 마음을 여는 기술이므로.

현실의 제약을 감당한 채 위로는 별 의미가 없다고 말하는 사람들에게 나를 위한 삶에 한 발자국 더 나아가라고 얘기하고 싶다. 매일같이 여행하는 삶이라고 하더라도 삶의 관성들 때문에 무뎌져서 나 자신을 제대로 읽지 못하는 상황이 생겨날 수 있다. 스스로 계속해서 긍정적인 자극을 주어야 하는데 내가 열려져 있어야 하고 평온해야 하며 현재를 긍정하고 할 바를 찾아야 한다. 인생에는 높낮이가 없다. 삶은 자기만족 이상의 것이 아니니까.

자유

그들이 나에게 말했다.

"만일 잠든 노예를 발견하면 그를 깨우지 마세요.

그는 자유를 꿈꾸고 있을지도 모르니까요."

그래서 내가 대답했다.

"만일 잠든 노예를 발견하면

그를 깨우고 자유에 대해서

그와 얘기를 나누어야 합니다."

_칼릴 지브란

사랑이 자유일 수 있는 까닭

행복은 고통의 소멸이고 자유는 구속의 소진일 뿐이라면 인간은 영원히 행복과 자유를 찾을 수 없을지도 모른다. 우리는 현실에서 마주치는 일상의 고통 속에서도 작은 행복들을 느낄 수 있고 창백한 구속 속에서도 의미 있는 자유를 느낄 수 있다. 이것이 삶의 기술일 것이고 성숙의 본모습일 것이다.

옆 사람의 답을 힐끔거리는 것은 모든

살아있는 자들의 외로움이 빚어낸 공통분모이다. 외로워서 나약해지는 것이지 나약해서 외로운 것은 아니다. 누군가의 다정한 손길은 충분히 그를 고립에서 구할 수 있는 힘을 가진다. 그리고 자기의 답을 구할 명분을 그 손길에서 찾는다. 사랑이 자유일 수 있는 까닭도 자기의 총체적인 것을 열어 누군가를 맞이할 수 있는 빌미를 제공하기 때문이다. 그 여는 행위의 반복된 경험이 종국에는 자기를 살리면서 키웠음을 알게 된다. 안타까운 것은 종종 어떤 사람들은 한쪽을 힘들게 여는 대신 다른 한쪽을 강하게 닫는다는 사실이다. 이런 종류의 에너지 이동은 균형 잡힌 듯하면서도 자기 속에서 한 발도 더 나아가지 못하는 매우 폐쇄적인 것이어서 자유의 한 조각도 얻지 못한다. 또한 자기 속에 내재된 열린 공간조차 그 이동에 소진시켜 버리고 만다. 이들은 곧 자기혐오 속에서 헤매게 될 가능성이 크다. 자유는 자기 확장으로서 고립을 선택한 사람들과는 정반대 방향으로 자기를 확인한다. 자유가 다정함을 풍기는 관심 속에서 나올 수 있다면 누군가를 외롭지 않게 해주기 위한 직접적인 손 내밂은 얼마나 위대한 행위인가.

자유가 머물러 있는 곳, 자기 과제의 일정 부분이 숨어있는 곳, 뭔가 있을 것 같으면서도 그게 뭔지 감은 잘 잡히지 않는 느낌 속에서 어떤 흔적들이 바람에 쌓여있는 곳을 확인하는 것은 의외로 간단할지 모른다. 이건 뭐지? 하면서도 계속 지나치기만 했었던 부분을 경험하는 일이다.

어느 장소, 혹은 삶의 어떤 지점에서 내가 열기를 거부했던 문이 존재했었을 것이다. 그 행위를 통하여 나를 지켜내었고 그것을 핑계로 나를 다독였으며 세상은 원래 그런 것이며 나의 잘못이 아니라고 우길 수 있었다. 진실하지 않음과 맞바꾼 시간들이 누구에게나 크던 작던 존재하게 되는 데에는 타인을 배려하지 못했음에 대한 작은 아쉬움으로부터 잘못된 행위에 이르기까지 다양한 양태로 펼쳐져 있다. 저마다 마음에 걸리는 일들을 무의식적으로 외면했었을 것이다. 여러 가지 상황으로 인해서 자기와 자기의 차이를 알아차리지 못하는 경우일지라도 어렴풋한 느낌으로 걸림이 다가온다. 지나간 일에 대한 되돌림은 불가능한 일이다. 그 마음에 걸리는 부분을 피하기보다는 직시하여 사과하고 자기를 용서하고 용서받는 과정을 반드시 거쳐야 한다. 큰 잘못을 뒤에 숨겨놓고 작은 잘못으로 방패 삼으려는 태도는 금세 탄로 난다. 그 저울추를 들고 있는 자가 바로 나 자신이니까.

자유는 세상으로부터가 아닌 세상 속에서의 자유이다. 그래서 나 자신을 경건하게 다듬어야 하는데 그러려면 타인과의 경험이 중요한 척도가 될 수 있다. 또한 나의 자유는 주변 사람들이 얼마나 자유로운 삶을 선택하고 있느냐에 따라 일정부분 영향을 받게 된다. 가족 구성원들의 자유와 나의 자유는 밀접한 상관관계가 있다. 나의 독단적인 자유가 다른 이들의 양보로 이루어진다면 결국 나의 자유도 마음 편한 것이 되지 못한다. 나로부터 촉발된 가족들의 억압은 없었는지도 생각해볼 일이다. 가족들의 자유가 내 자유의 테두리 안에서만 존재하는 갇혀진 자유가 아닌지에 대해서도 살펴야 한다.

다른 구성원들의 자유도 어느 정도는 내가 끌어안을 수 있을 때 자연스럽게 연결될 수 있다. 이러한 문제의식이 개인의 자유가 한편으로는 사회적인 것임도 인지하게 만든다. 타인의 자유를 존중함으로써 나의 자유도 견고해진다. 내가 자유로울 수 있는 토대가 바로 사랑이라는 것을 느꼈을 때 비로소 외롭고 공허한 자유가 아니라 자유 자체의 열림으로 다가오게 된다.

어떤 경우 사랑과 자유의 충돌 지점에서 생겨나는 혼란으로부터 극단적인 결론을 내리기도 한다. 다른 한편으로는 융합될 수 있는 곳을 찾아내려는 시도에 엄두를 내지 못하기도 한다. 모두 인간에게 있어서 어느 한쪽도 양보할 수 없는 중요한 것이기에 그러할 것이다. 어느 한쪽을 선택하더라도 만족스럽지 못한 것은 둘 사이의 갈등이 계속해서 남아있기 때문이며 인간은 매순간 이러한 상황에 직면해서 시간을 소비한다. 그 갈등으로부터의 해방을 위해 자유를 찾아 나선다는 것은 애초부터 자유로울 수 없는 삶을 전제하고 있기 때문이다.

"사람이 서로를 위해 할 수 있는 가장 혁명적인 일은 함께 살면서 사랑하기, 타고난 본디 자기를 해치지 않기"라고 니키 조반니는 말한다. 사랑은 나를 위해서 상대방을 사랑하는 것이므로 감사함이 반드시 동반되는 특별한 감정이다. 사랑은 나와 너보다는 나와 나를 엮어주는 역할을 한다. 그 영원할 것만 같은 사랑이 세월에 따라 서서히 빛이 바래지고 낡게 되면 다른 것을 통해 나를 보강해야 하는데 적당한 것이 마땅하지 않다. 믿음이나 신뢰 등도 사랑의 다른 이름에 불과하다는 것을 우리는 안다. 이때부터는 사랑의 양태가 조금씩 바뀌게 되는데 열렬하고

도발적인 사랑보다도 은근하면서 고요한 사랑이 전개된다. 그리고 점차 이런 상황에 익숙해져 간다. 한편으로는 나 자신에게 상처를 주지 않으면서 위로를 가져올 수 있는 방법이 자유라고 쉽게 생각한다. 그렇다고 자유가 말 그대로 쉽게 접근할 수 있는 놀이나 휴식과 같은 종류의 것은 아니다. 진정한 자유에는 여러 가지 기준들과 모습들이 상재한다. 그 중의 하나가 바로 있는 그대로의 자기를 이해하고 받아들이면서 세상과의 타협점을 찾는 자기 객관화이다. 이를 통해서 성숙한 인간으로서 어른이 되는 관문으로 들어가는 기회를 갖게 된다. 일시적 자유의 추구는 사랑도 일시적으로 받아들인다.

물론 자유의 경험이 사랑을 되살리기도 하고 사랑을 통해 자유가 샘솟는 경우는 많다. 그래서 사랑과 자유가 융화되는 상태에서 그것을 계속 키워나가는 목표를 갖게 된다. 타인들의 자유를 통해 나의 자유가 영향을 받는다는 뜻은, 반대로 내가 자유롭지 못하다면 타인들을 자유롭게 하지 못한다는 것을 뜻한다. 나의 억압된 관념은 나 자신뿐만 아니라 타인들의 자유도 제한하게 된다. 극단적으로 자기를 왜곡시켜서 구조의 틈 사이를 비집고 들어가 주변과의 담을 쌓는 경우도 보았다. 그들은 누구도 받아들이려고 하지 않음으로써 나를 피해가기를 주위 사람들에게 강력하게 주지시킨다. 이러한 피해의식이 가져오는 왜소한 자아와 현실부정은 점점 더 스스로를 고립시켜서 자기 자유를 한정시킨다. 결국 자기 왜곡은 신체적인 병으로 전환된다.

인간이 구조적인 체계들을 피해 어디로든 떠나려고 하지만 떠남의 자유는 어쩌면 노스탤지어에 불과할 수도 있다. 태평양 한가운데서 노를 젓는 것은 자유가 아닐 것이다. 항해의 자유는 항구라는 기점이 있기에 자유라고 부를 수 있는 것이다. 아무런 경계도 없는 자유는 표류에 불과하지 않겠는가. 자유의 구심점은 사랑이고 홀로된 자의 정처 없는 사랑도 최소한 스스로 자유로울 수 있는 심리적 배경을 기반으로 한다. 그 배경이 단지 인연이나 가족이나 친구와 같은 대인적 관계가 아니더라도 스스로 사랑을 머금고 있는 자의 무게 중심이 필요해진다. 사랑을 나눌 수 있는 자여야 진정한 자유도 느낄 수 있을 것이다. 타자를 자유롭게 할 수 있는 힘 또한 사랑이기 때문이다. 그래서 자유를 열림이라고 말하는 것이다. 그 열린 공간을 통하여 주고받음이 원활하게 이루어질 때 마음의 매듭 없이 열려진 상태로 자기를 느끼고 호흡하는 것에서 참된 자유의 본질을 경험하게 된다.

자유를 품고 있는 사랑이야말로 상대를 포용하고 자기를 설득할 수 있는 힘이다. 자유는 이기심에서 나오지 않고 자기와 타자 모두 '있는 그대로 인정하기'를 통해서 나오기에 보다 튼튼한 자기 집을 지을 수 있는 것이다. 자기의 깊은 곳을 경유하지 않으면 자유와 사랑 중의 어느 하나도 제대로 지켜나가기 힘들다. 오른쪽 발을 강하게 사용하기 위해서는 왼쪽 발에 잔뜩 힘을 주어야 한다. 둘 중 하나는 사랑이고 다른 하나는 자유이다. 사랑은 살아가는데 유리하고 자유는 삶을 견디는데 이롭다.

사랑

한 사람이 다른 사람을 사랑하는 것은
아마도 우리의 일들 중에서 가장 어려울 것이다.
다른 모든 일들은
궁극적인 최후의 시험과 증명을
준비하는 것일 뿐이다.

_라이너 마리아 릴케

자유 없이는 사랑도 없다

현재의 평범한 일상 속에서 삶의 자유를 느끼려면 나 스스로 자유로울 수 있는 기준들이 필요하다. 그런 기준들이 비록 거칠고 자의적인 것이라고 해도 자유로움에 한 걸음 다가설 수 있는 방법이 될 것이다. 모든 생명은 홀로 고통을 감내해야 하는 존재들이고 누구도 그것을 대신할 수 없다. 그 깊이도 가늠하기 어려운 것이라서 스스로 고통을 이겨내는 능력을 키워서 자기를 지켜내야 한다. 고통은 외부로부터 가해지기도 하지만 내부로부터 자신을 억누르고 괴롭히기도 한다. 따라서 사회 기술 훈련과 더불어 자유 기술 훈련을 병행해야 한다. 자유는 조건을 통해 만들어지기도 하지만 마음가짐을 통해서 준비되는 것이기도 하기에 자기를 쌓아나가거나 다듬어 나가야 한다.

인간은 개척자이면서 방랑자이며 또한 자유인이다. 자유를 위하여 조건을 충족해야 한다면 여러 가지 시련과 자기수양이 동반된다. 인간은 누구나 정해진 시간만을 살기 때문에 자기 한계를 아는 것으로부터 자유의 본질인 열림을 경험한다. 자유에도 대가가 필요하다. 사랑과의 사이에서, 물질적 부와의 관계에서, 미래에 대한 개인의 투쟁 속에서 서로 양보해야 하는 상황에서 갈등이 나타난다. 우리는 일정 부분 이기적인 사람이기도 하다. 때로는 비굴해보일 수 있는 행동도 자기 자유를 침해하지 않는 양심을 벗어나지 않는 선에서 용인하게 된다. 보다 중요한 것에 대한 열망과 절실한 것에 대한 희구, 강렬한 자기 본위의 추구는 스스로를 이해하게 만듦과 더불어 타인과 사회에 대한 시각도 폭넓게 만든다. 인간은 사랑으로 살지만 자유를 잃어버리면 그 사랑도 퇴색해진다. 게다가 삶의 동력으로서의 위치도 흔들리게 된다.

우리는 보통 사랑과 자유의 충돌에서 자유를 양보하는 습관을 가졌다. 그것은 사랑을 대체할 만한 고귀한 단어를 찾기 어려워서이기도 하다. 사랑은 보다 상위 차원의 개인을 형성해가는 토대이며 사회가 사회답게 구동될 수 있는 배경인 까닭에 완전에 가까운 것으로 자리매김 되어왔다. 그러나 사랑은 대개는 상대적인 것이고 자기에게 유리한 쪽으로 자의적으로 해석한 측면도 있었다.

사랑의 범위 안에서 자유가 존재하는 것이라고 믿게 된 데에는 이를 가족제도와 같은 소집단을 중심으로 논의하고 해결해 왔던 경험에서 기인할 것이다. 사랑은 서로의 상처를 최소화하면서 미래를 위한 가장 그럴듯한 도구로써 과대 포장되어 왔다. 사랑을 통해서 구현될 수 있는 자유는 본래의 자유의 일부분에 지나지 않는다는 것을 우리는 느끼고 있다. 사랑과 자유는 서로 융화될 수 있는 부분이 있지만 그렇지 못한 부분도 많을 것이다. 사랑이 중요하기는 하나 모든 시간들을 사랑으로 채울 수는 없다. 인간의 삶에 자유의 자리가 따로 마련되지 못하다면 삶은 쉽게 흔들리고 자기를 버텨내기 힘들어진다. 물론 무게 중심은 항상 사랑에 있다는 것을 느끼면서 자기 자유를 추구하는 것이 행복한 자유의 길임도 잊지 말아야 한다. 사랑에 충실하되 자유의 자리를 잃지 않아야 혼자임을 견딜 수 있을 것이다.

내 행복을 위한 삶에서 가족은 지대한 역할을 하지만 내가 불행한 가정의 행복이란 사실 난센스다. 세계는 내 행복을 위해 존재하지는 않지만 내가 사라진다면 어떤 특정한 의미들은 소멸되는 것이다. 내가 행복하지 않은 세계도 그 가치가 약화되는 것이다. 물론 나의 행복을 위해 세계에 해를 입히려는 어떠한 시도에는 반대한다. 세계를 존치시키면서 내가 행복해지는 방법을 찾기 위해서 사랑과 자유가 있는 것이다. 그런데 그마저도 충돌이 벌어진다면 내가 돌아갈 곳은 없다.

간혹 욕망이 멈추지 못하는 것은 사랑 때문이라고 지적하는 이들도 있다. 인간이 사랑을 자제해서 얻을 수 있는 일정한 행복이 있다는 가정 자체는 애초에 성립 불가능한 것이다. 사랑은 개인적 삶의 목적이자 동력원이기 때문이다. 다만 우리가 자제할 것은 오만하고 이기적인 사랑일 것이다.

나이가 들수록 자신만을 위해서 시간을 사용하는 일이 많아진다. 혼자만의 생활에 익숙해져야 하는 시간이 도래하는 것이다. 인생의 반은 자유로 살게 되는데 사랑의 타성 때문에 외로워하고 고통을 겪는 일이 현실적으로 벌어진다. 이는 자유의 시간에 대한 기억이 많지 않다는 것과 자유에 대한 준비가 서툴렀다는 의미이다. 이제부터 개인의 자유에 익숙해져야 한다. 가장 현실적인 방법은 그림을 작게 그리는 것이다.

우리는 항상 세계를 보다 넓게 확인하는 습관을 가졌다. 그건 삶에서 시야가 넓은 개체가 먹이를 먼저 발견하고 위험을 피해 미래를 폭 넓게 준비할 수 있었기 때문이다. 큰 그림을 그리다보면 욕심도 증가하고 누군가에게 해를 입힐 가능성도 커지며 삶의 불협화음도 많아진다. 나의 창고를 채우기 위해서 다른 사람의 것을 빼앗으려 했으면서도 미안함을 느끼지 못했을 수도 있고 내게 잘못을 하지 않은 사람들조차도 미워하게 될 지도 모른다. 물론 거기에 따른 삶의 고뇌와 고난도 뒤따랐을 것이다. 인정하기는 싫지만 젊은 날의 모습은 누구나 별반 다르지 않다. 이기기도 하고 지기도 하는 투쟁 속에서 시간을 보낸다. 그런데 자유로워야 할 순간까지 이길 계획으로 가득차서 자기를 내려놓지 못한다. 자기 시야를 계속해서 확장해왔던 습관으로 현재와 미래가 여전히 싸우고 있는 것이다.

이제 그림을 작게 그릴 때가 온 것이다. 작은 일에 만족을 얻고 행복을 느낄 수 있을 때 자유의 길이 열린다. 내려놓을 줄도 알아야 자유가 찾아온다.

자유가 모든 면에서 완벽하게 구현되고 체감될 수 있는 것이라면 왜 진작 다른 것들을 제쳐두고 홀가분하게 나서지 못한 것일까. 설사 자유의 시간이 온다고 해도 그 속에서 그것을 온전히 누릴 수 있다는 생각은 오산이다.

시간이 나만을 위한 것으로 주어진다고 해도 인간은 혼자 살 수는 없다. 누군가 대화할 사람이 필요하고 정을 나눌 수 있어야 하며 소소한 문제들에 대하여 의논하고 협의할 상대가 필요하다. 인간은 지속적으로 교류할 대상이 필요하며, 그 속에서 일정한 자유가 추구되어야 한다. 관계는 쉽게 이루어지는 것이 아니다. 그 관계의 불협화음 때문에 고통이 따르고 상처를 입기 때문에 자유를 찾는 것이다. 만약 모든 자유의 욕구를 뛰어넘을 수 있는 사랑이

가능하다면 주저 없이 그 사랑을 택할 것이다. 하지만 현실의 사랑은 시간에 따라서 변화하고 상황에 대한 이해의 차이로 갈등이 표출되어 어느 순간 서서히 쪼그라들게 된다. 인간은 개별적 존재이기 때문에 둘이 하나가 되는 관계는 있을 수 없다. 혹여 있더라도 그것은 아주 일시적인 것이다. 결국은 혼자의 시간을 갖게 되는데 자유를 준비하지 않으면 안 된다는 것을 깨닫게 된다.

인간에게는 상대방이 누구이든, 여자든 남자든, 잘난 사람이든 못난 사람이든 친구가 필요하다. 배우자나 애인을 만나는 것보다 좋은 친구 한 명 만나는 것이 더 어려운 일이다. 사랑은 충족될 수 없는 것에 대한 생리적 욕구 불만에서 비롯되지만 우정은 보다 심오한 인간적 이해를 바탕으로 조성되기에 자유에 필요한 것이 사랑보다 우정이라는 얘기다. 그렇다고 모든 우정이 이런 깊이까지 도달하는 것은 아니다.

배우자 또한 오랜 시간 이해를 바탕으로 사랑이 우

정으로 서서히 변모해가는 양태를 보인다. 그리고 대다수 결혼 생활을 통해 오랫동안 인연을 이어간다는 것은 서로에 대한 배려가 우정으로 이어지도록 상대를 독려하고 스스로를 다독이는 시간에서 비롯된다. 부족한 사랑을 견디고 자기를 담금질하면서 인생을 헤쳐 나갈 때 보다 합리적이고 평온한 관계로 이어질 수 있다.

인생의 어떤 여정도 완성된 것이 아니다. 계속 진행중인 상황의 한 단락이기 때문에 순간순간 최선을 다해야 한다. 나를 기준 삼아서 상대를 재단하는 순간 인연은 사라지고 삶은 혼란에 휩싸인다.

인간의 외로움은 필연적이기 때문에 개인의 고독이 타인을 통해서 온전히 해소될 수는 없다. 그러나 인간이 고독을 채우기 위해 자유를 선택하는 것이라면, 본래의 자유를 더 자유롭게 향유할 수 있는 최소한의 관계가 중요하다. 자유롭되 관계의 끈을 놓지 말고 계속 공유할 수 있는 인연이 필요한 이유이다.

우정

친구란 당신을 있는 그대로 알아주는 사람이며,

당신이 어디에 있었는지

어떤 일들을 겪었는지 이해해 주며,

당신이 어떤 사람이 되었는지 받아들이면서도

여전히 당신이 성장하는 것을

부드럽게 받아주는 사람이다.

_윌리엄 셰익스피어

행복, 자기 속에서 자유 찾기

세상을 값지게 사는 방법은 자기가 원하는 삶을 이루며 자아실현을 향해 나아가는 것이다. 사회가 개인에게 원하는 것은 사회 질서를 존중하면서 각자 행복한 인생을 살아가는 것이다. 개인이 행복해야 사회도 본연의 안정된 구조를 이룰 수 있다. 우리는 좋은 이웃을 갖고 싶듯이 나 또한 좋은 이웃이 되고 싶다. 그것이 사회인으로서의 역할이다.

성공적인 기업을 일구거나 돈을 많이 버는 것도, 멋진 배우자를 만나 화목한 가정을 꾸리는 것도, 최고의 성취욕을 만끽하는 것도, 무병 무탈하게 나이 들어 장수하는 것도 모두 행복에 속하는 일이다. 행복은 자기가 원하는 것을 얻었을 때 이루어진다. 모든 것을 다 이룰 수는 없기에 보다 우선순위의 것에 중점을 두게 된다. 그런데 행복을 위해 너무 많은 대가를 치르게 되어 삶의 고통에 찌들어 있다면 행복하다고 말할 수 없을 것이다. 그래서 행복을 위해 필요한 것은 외면적인 것도 중요하지만 내면과의 조화도 매우 중요하다고 인식하게 되었다. 모든 것을 이루었으나 그래도 불행하다면 내면의 덕성을 채우지 못한 결과이다. 억울한 일도 답답한 일도, 사회나 자기 자신에게 불만족한 부분도, 시기를 잘못 택해 기회를 놓친 일도 많지만 어떠하든 자기를 보전하고 미래의 가능성을 바라보고 걸어가야 한다. 현재가 행복해야 다가올 시간도 더 풍족해지고 삶의 목표에도 쉬이 다가갈 수 있다. 그래서 미래의 소망이나 욕심도 현재와 적절하게 조응할 수 있도록 평온과 심리적 즐거움을 찾으려고 노력한다. 지금 부족한 것은 언젠가 얻을 수 있으리라는 바람도 행복에 일조한다.

그렇다면 현재 행복을 방해하는 것은 무엇인가. 무엇보다 몸과 마음의 불편함이다. 그 불편함은 대개 불안정한 미래에 대한 우려와 걱정에서 온다. 그 우려 또한 현실의 자양분으로서 긴장을 유지해주는 요소이다. 현재의 불편함은 자기와 조우하고 있는 사람이나 사물, 상황 때문에 발생하는 것이다. 우리는 주어진 조건들과 공감을 이루지 못했을 때 불편함을 느낀다. 공감이 되지 않는 것은 개인이 지향하는 바와 관점이 서로 다르고, 시대의 방향과 나의 성향도 차이가 있기 때문이다. 그래도 우리는 현실의 삶에 적응하려고 애를 쓰고 서로의 의견을 교환하며 격차를 줄이기 위해 노력한다.

공감을 이루지 못하는 원인을 몇 가지로 압축해 볼 수 있다. 첫 번째는 성격과 성향의 다름 때문에 나타난다. 사물을 해석하는 틀이 달라서 서로 부딪치게 되는 일이 자주 일어난다. 두 번째는 지식과 경험의 차이이다. 아무리 애써도 평생 쌓아온 지식과 경험의 격차로 인해서 둘 사이에서 공감이 형성될 가능성은 많지 않다. 세 번째는 종교와 문화의 간극이다. 서로 다른 세계의 말만 하게 될 뿐이므로 나를 기준 삼지 말고 상대방을 포용하고 이해하려는 노력이 있어야 한다. 네 번째는 이익의 충돌이다. 미래의 이익에 대한 현재의 설득은 서로의 목적은 같을지라도 수익자가 다르기 때문에 양보할 수 없는 상황이다. 다섯 번째는 내가 상대방에게 끌려가는 경우이다. 그 반대도 마찬가지이다. 서로 교감을 이루기 위한 가장 기본적인 규칙은 일방적으로 끌려가거나 끌려와서는 안 된다는 것이다. 소기의 목적이 달성되었더라도 지나고 나면 불편함만 더해진다. 공감을 이루기 위해 말을 맞추다보면 상처가 될 수 있는 부분들도 드러나게 되고 엉뚱한 불만이 자리잡는다. 편하지 않은 양보가 발생하는 것이다. 서로의 중심이 지켜졌을 때 편안한 대화가 가능해진다. 인간이 느끼는 일상적인 불편함은 바로 공감을 이루지 못하는 대화에서 비롯된다.

인간은 자기의 방식대로 생각하고 말하기 때문에 교감을 이룬다는 것은 쉽지 않은 일이다. 서로의 인간적인 것에 이끌리게 되면 우리는 친밀함을 느낀다. 사람은 사랑을 통하여 삶을 즐기기를 원하지만 공감 없는 사랑으로 이룰 수 있는 것은 한정적이기에 불화를 겪게 된다. 게다가 만나는 모든 사람들을 다 사랑할 수도 없다. 봉사와 내어줌이 교감을 생략한 동정이나 우월감, 혹은 정치 공학적 발상이라면 과연 그 속에서 우리는 진정한 행복을 느낄 수가 있을까.

행복은 결국 갈등과 긴장의 해소를 통해 이루어진다. 정확하게는 욕구 불안의 달성 상태가 행복이다. 우리는 그 달성 뒤에 다시 새로운 목표를 찾아 나서게 된다. 달성이란 하나의 감정적 완성이기 때문에 긴장이 사라지면 의지도 사라지고 그러면 희열도 사라진다. 새로 정립된 목표는 보다 상위 차원의 분야를 향하여 나아간다. 그래야 지금까지 경험해보지 못한 것을 얻음으로써 계속해서 행복해질 수 있기 때문이다. 관계의 불편함이 나를 가로막는 느낌을 받게 되면 스트레스가 생성되고 삶의 의욕도 반감된다. 이를 슬기롭게 해결해나가는 과정이 사실은 삶의 대부분을 채운다. 그렇다고 마음에 남게 되는 불편함이 모두 해소되는 것은 아니다. 어쩌면 짐처럼 불편함을 계속 끌고 다녀야 하는 경우도 많다. 걱정과 근심이 세상살이의 절반을 차지한다. 나머지 절반은 먹고 사는 것으로 채워진다. 그리고 중간 중간 사랑이 나머지 부분들을 차지하고 나면 개인은 그 속에 구속되고 자유가 들어설 틈은 없다. 자유는 일시적으로 다가오고 삶 자체는 늘 불편한 것일 수밖에 없다.

인간이 스스로를 구해야 할 때 그 방법은 다름 아닌 자기 속에서의 자유 찾기이다. 인간의 삶은 자기 의미로 버티는 과정이지만 드문드문이라도 자유가 있어야 그 의미조차도 퇴색되지 않는다. 삶이 버겁고 힘들 때는 언제든지 자기 자신에게로 돌아가서 자유가 새어나오는 곳에서 휴식을 취해야 한다. 자유는 다양한 모습으로 나를 찾아온다. 때로는 깨달음으로, 때로는 사랑으로, 때로는 용기로, 그리고 자기 자신과의 공명으로 찾아온다.

작은 행복들이 모여야 큰 행복이 이루어지는 것은 아니다. 모든 행복들은 개별적이다. 일상은 행복한 부분과 행복하지 못한 부분들이 뒤섞여 있다. 안도와 걱정이 동시에 진행되며, 심지어 희열과 공포가 한 곳에 뭉쳐져 있기도 하다. 또한 불안이나 두려움도 피해가기보다는 극복하고 즐김으로써 긴장을 삶의 동력으로 전환시키는 능력도 보유하고 있다. 긴장을 유지시키기 위해 일정 부분의 행복을 유예시키는 전략도 구사한다. 모든 크고 작은 조건들과 상황에서 행복을 완성시킬 수는 없고, 행복으로 가는 진행형의 상태로도 충분히 행복할 수 있다. 예정된 미래의 행복에 대한 기대가 오히려 정점의 행복보다 작은 것이라고 단언할 수는 없다.

행복한 감정이란 행복에 도달된 상태의 감정이라기보다 행복의 가능성에 대한 기대가 주도한다. 행복을 이루고자 하는 적극적인 태도나 적당한 수준에서 만족하고자 하는 의연한 마음, 혹은 아예 불가능한 것을 홀가분하게 정리하는 자세가 행복을 결정하는 것이다.

성공하려면 성공한 것처럼 행동하라는 요구는 행복하려면 행복한 것처럼 행동해야 한다는 말과 같다.

행복을 느끼기는커녕 공허와 불안이 느껴진다고 실토하는 사람들 중에는 현재를 즐기는 일에 인색한 경우가 많다. 미래의 여러 걱정들이 현재의 발걸음을 무겁게 한다. 생의 불편함은 너무 많은 조건에 대하여 적극적으로 공감해야 한다는 강박으로부터 비롯된다. 마음의 불편함은 사회의 평균들과 타인들의 시각, 현재 상대방과의 불협화음으로부터 오는 경우가 대부분이다. 세상의 기준과 나의 기준이 서로 다르게 흘러간다면 우리는 매우 큰 스트레스를 받는다. 공감에 대한 압박은 매우 불편한 것이며 그 공감에서 멀어진다는 생각이 불안을 만든다. 자기가 닮고 싶은 사람의 표정도 답습하게 되지만 결국 이도저도 아닌 애매한 표정이 자리 잡게 된다. 무심코 따라한 표정들이 세월의 때를 입고 내가 원하지 않은 모습으로 정착되는 것은 자기 표정을 스스로 가꾸려는 노력을 할 여유가 없었기 때문이다. 내가 원하지 않는 방향으로 끌려가는 것을 막기 위해서는 삶의 중심을 스스로 갖추어야 한다.

아울러 삶의 치열한 생존능력을 조금 느슨하게 하기를 권한다. 자기를 끝까지 밀어붙여 자아를 실현하는 문제와 자신을 마지막까지 휘몰아쳐서 현실적 결과를 얻어내는 문제는 비슷하게 보이지만 아주 다른 이야기이다.

현실의 어떤 정점에는 함정도 도사리고 있기에 되돌릴 수 없는 상실도 경험한다. 욕망의 충족은 이곳에서 모험이 되지만 극단적인 선택을 통하여 얻을 수 있는 자아의 확충은 쉽지 않다. 자기를 망가뜨리면 안 된다. 그렇게 해서 얻을 수 있는 현실적 행복이라는 것은 결국에는 자아의 결핍으로 이어져 궁극의 행복과는 더 멀어진다. 자기를 망가뜨리고 품위를 손상시키며 거짓말로 모면하는 현실이 가져올 불안과 자기모멸감은 인생의 상처다. 행복할 준비가 되어 있지 않으면 어떤 성공적인 도달점도 행복을 가져다주지는 못 한다. 행복은 자기 자신과 이루는 내면의 진정한 공명이기 때문이다. 자기 자신과의 대화에는 미사여구가 필요 없다. 오히려 그러한 방어기제는 자기의 진솔함을 가로막는 걸림돌이다. 적어도 행복할 준비가 되어있는 사람들의 얼굴에 나타나는 평온함은 스스로와 공명하는 지점들을 자주 접하는 경우이기 때문에 양심이 표면화되는 것이다. 이러저러한 이유를 들어 행복을 규정짓거나 조건 충족이 되었으므로 나는 행복한 것이라고 자위하는 사람들이 느끼는 기쁨의 여울은 각종 칸막이로 가득 차 있다.

스스로와의 공명을 거칠 수 없는 사람들이 어떻게 타인과의 진정성 있는 교감을 이루어낼 수 있는지는 미지수이다. 수없이 많은 말들로 진심을 이야기하려 하고 나의 마음도 너와 같다고 호소하지만 뒤돌아서서는 한숨짓는 경우가 허다하다. 굳이 공감하기 위해서 집착을 하고 화를 내기보다는 덜 공감하더라도 스스로와의 대화를 거친 진솔함이 훨씬 행복에 근접해 있다. 어떤 상황에서는 차라리 공감을 이루지 못하는 부분을 이해와 사랑으로 채우려는 태도가 일상의 행복을 구성하는 방법이 될 수 있다. 나와 다른 관점의 사람들을 배척하거나 경멸하는 방법으로는 미움이나 화가 생성될 여지가 존재한다. 충분히 공감하고 타인의 불편함도 이해하려고 노력함으로써 관계의 끈을 유지하고 동시대인으로서의 감정을 공유해야 한다. 하지만 상대의 관점으로 세상을 바라보기 힘든 순간들도 많으므로 그럴 때는 마음을 열고 현재의 상황을 수긍해야 한다. 물론 이기적으로 나를 방어하는 거리두기나 회피를 위한 변명은 궁극적 관계를 망가뜨리는 요소라는 점도 분명히 인식해야 한다. 한편으로 공동선에 대한 자각 속에 그릇된 부분에 대한 수긍도 동시에 진행되어야 한다. 그래야 세상과의 화해가 추도될 수 있다. 그걸 받아들이는 것이 바로 용기이고 자유이며 자기치유의 길이다.

사랑

사랑한다는 것은 관심을 갖는 것이며

존중하는 것이다.

사랑한다는 것은 책임감을 느끼는 것이며

이해하는 것이고,

사 랑 한 다 는 것 은 주 는 것 이 다 .

_에리히 프롬

인생은 믿는 바대로 움직인다

인간의 역사는 오해의 역사다. 살아남은 자들이 추구하는 세계의 역사는 강자의 입김을 토대로 구축되기에 진실은 야사에 묻히고 억울한 자들은 말할 수 있는 기회를 아예 얻지 못한다. 한편으로 개개인의 역사는 열등감의 역사이다. 개인의 역사는 이익 추구의 역사이지만 다른 방식으로 표현한다면 시대 상황에 따라서 나보다 더 많이 가진 자들에 대한 질투가 개인의 역사를 구성해왔다. 이미 충분히 갖고 있는 자들도 자신이 갖지 못한 하나에 대한 집착 때문에 잠 못 이루는 시간을 보낸다. 그러나 그렇게 해서는 진정한 자유의 한 조각도 손에 넣을 수 없다는 것을 알게 된다. 자유는 근본적으로 나의 자유이며 내 안의 자유이기에 고립된 감정들을 확인하고 노출시킴으로써 자기를 왜곡된 세계로부터 해방시켜야 한다. 일생동안 노동을 통하여 살아가야 하는 삶에서 자유를 얻을 수 있는 시간은 아예 오지 않을 수 있다. 그러므로 고달픈 현재에 자유로워야 한다는 명제에 직면하게 된다. 여기서 추가되는 것이 바로 마음가짐의 변환점이다. 개인 역사에서는 심리적 전환점이 삶의 중요한 잣대가 된다.

열등감은 소위 성공한 사람들의 동기부여 요인이기도 하다. 모자란 것을 채우려는 욕구는 강렬한 것이기에 이러한 열등감이 발전하여 꿈과 희망으로 변환된다. 인간은 꿈을 발판으로 꿈을 만든다. 열등감이 강하다면 그 열등감은 언젠가는 꿈이 된다. 그리고 꿈으로 이룰 수 없는 나머지 열등감이 남겨진 나의 시간을 장악한다. 이러한 과정은 죽기 직전까지 계속 반복되며 욕구에 대한 갈망이 나를 구성했다는 것을 나중에서야 깨닫는다.

행복을 위해 살아가야 할 날들 속에서 중요한 것들을 융화시키고 남은 꿈들로 취미를 삼아서 행복한 날들을 구성하기 위해 포기해야 할 것은 포기하는 전략도 필요하다. 절대 포기할 수 없다고 몽니를 부리다보면 노년의 시간조차 얼룩진다. 그렇게 중요한 꿈이라면 왜 일순위에 올려놓지 못했을까. 바로 욕심이 계속해서 다음의 욕심을 부린 탓이다. 성공의 부작용인 것이다. 열등감을 앞세우지 말라는 것은 불필요한 고립감을 떨쳐내고 그 자리를 자유로 채우라는 이야기이다.

생의 특정한 과정 속에서 우월 의식이 자기를 버티는 힘이 되고 미래를 여는 동력이 된다는 사실을 부정할 생각은 없다. 또한 인정 욕구가 힘든 현실 속에서 나를 더 강하게 몰아쳐 나다움을 형성하는데 일조한다는 생각에도 동의한다. 사랑하는 사람들의 응원에 힘입어 오늘을 버티고 고난을 헤쳐 나가는 것에는 책임감이나 성취욕도 자리잡고 있지만 그들에게 인정받고 싶다는 의도도 존재한다. 생의 특정한 부분들을 그렇게 이겨내어 왔고 나를 채근해 왔으며 앞으로도 같은 방식으로 나를 버텨낼 것이다.

그러나 우월감은 열등감과 마찬가지로 인간의 자유를 방해하는 요소로 작용한다. 행복을 경유할 수 없는 감정은 일시적 충동에 지나지 않음으로 자유를 획득하는데 방해가 될 뿐이다. 나를 구속하고 있던 다양한 감정들로부터 자유로울 수 있어야 정신의 균형뿐만 아니라 생의 균형도 도모할 수 있게 된다.

자유롭게 살고 싶다면 종교인이 되는 것도 나쁘지 않다는 의견에 나의 견해는 다르다고 말한 적이 있다. 나의 자유는 현실을 떠나 관념을 이루는 자유가 아니라 현실 속에서 얻는 자유이기 때문이다. 현실로부터의 도피를 통하여 자유를 얻을 수 있다면 자유롭기 위해서 떠도는 삶에서의 투쟁은 없겠는가.

세상으로부터 도망쳐서 얻을 수 있는 자유는 제한적이라는 것이 나의 생각이다. 자유는 근본적으로 깨달음이고 자기를 여는 것이라고 했을 때 사람들이 생각하는 일시적인 자유와 차이가 있는 것은 당연하다.

자유는 타인에 대한 이해를 동반한다. 그래서 어느 정도까지 자유는 공감이다. 그런데 왜 모든 것의 이해는 아닌가. 어떤 범위를 넘어서면 이해와 공감에 대한 집착도 다시 구속이 되기 때문이다. 그리고 자유를 추구하는 평범한 인간으로써 인간적인 테두리 내에서의 자유이기 때문에 균형이 중요한 것이다. 자기를 너무 몰아세우면 자유는 깨지고 균형은 흔들리는 것이다. 우월감과 자존감은 별개의 것이다. 자기 존재 이유를 스스로에게 설득할 때 소용되는 자존감은 타인을 설득하려고 할 때의 우월감

보다 순수한 것이며 자유의 범위 안에서 용솟음치는 자기 탄력이다.

인생은 뜻한 바대로 움직이지 않고 믿는 바대로 움직인다. 억지로 쫓아도 생각대로 되지 않는 일이 있으며, 굳이 생각하지 않았는데도 자연스럽게 이루어지는 일도 있다. 그럴 때 가끔 우연을 떠올리지만 나를 구성하고 있는 내밀한 상념들과 나의 필요성에 의해 구성된 현재의 생각 사이에 차이가 있어서 나타나는 현상이다.

인생에 억지로 되는 일은 없다. 울고불고 난리를 쳐봤자 삶의 등짐만 더해질 뿐이다. 우리는 살아가면서 삶의 무수한 신호들을 받지만 어떤 것은 그냥 무시하고 엉뚱한 신호를 받아서 액셀을 밟게 되는 경우도 많다. 우리가 삶을 조급하게 생각하는 이유는 다가올 미래의 억척을 감당하기 힘들 것이라는 가정 하에서 비롯되는 것이다. 미래는 극복의 대상이며 아직 도래하지 않은 현상이기에 조급하게 움직이다보면 현재의 자유 또한 놓치게 된다. 오늘의 할 일을 제대로 해나가면 미래는 두려운 대상이 아니다. 과거를 담보 삼아서 미래를 걱정하기보다는 현재의 나를 긍정할 수 있어야 순간의 자유를 느낄 수 있다.

인간의 삶은 무의식을 의식으로 순화시키고 순화된 의식을 통해 무의식을 보강하는 행위의 연속이다. 그러나 아무리 좋은 책을 많이 읽고 깨우침을 얻더라도 본래의 내면에 잠재해있는 모든 요소들을 정갈한 언어와 정화된 의식으로 채우는 일은 불가능하다. 어쩌면 그건 내가 아닐 수도 있다. 본질적인 나는 선도 악도 아니므로 자신과 싸우는 시간을 내려놓고 스스로를 긍정함으로써 나를 이해하는 시간을 갖는다. 현재를 온전히 느끼는 것이야말로 삶을 제대로 사는 하나의 방법이다. 현재의 시간을 소중히 해야 하고 오늘을 즐겁게 살아야 한다. 자신과의 싸움은 미래의 겁박으로부터, 개인의 욕망으로부터, 본능이 요구하는 참된 삶의 구현으로부터 비롯되는 것이지만 걱정이 삶의 환희를 구성하는 시간들은 보지 못했다.

인간의 본질은 행복하게 사는 것이다. 세상 모든 개체들은 저마다의 사명과 역할을 부여 받았다. 그러나 인간의 사명과 역할은 자기 자신이 창출하고 완성시켜 가는 것이다. 그 과제를 수행하기 위해서 몸부림치기 때문에 고독한 것이고 또한 그러하기에 부단히 자유로워야 하는 것이다. 내가 내 삶의 빈약성에 실망하기보다 주어진 환경 속에서 삶을 만족시켜야 하는 것도 인간의 실존 상황이다. 욕구했지만 이루지 못했던 일들도 많고 추구했지만 도달하지 못한 목표들도 많다. 그러나 우리는 여전히 살아가야 하고 가급적 행복하게 살아내야 한다. 좌절과 실망이 있을지언정 우리 생이 다하는 날까지 포기하지 않고 힘들면 조금씩 쉬어가면서 앞으로 나아가야 한다. 시간이 내 편이 아닐지라도 우리에게는 자유가 있다. 나 자신을 자유롭게 할 수 있는 힘은 욕동과 의지보다 더 고귀한 내가 나에게 내미는 권리로부터 비롯된다. 자유를 경유하다 보면 우리의 삶도 새로운 전기를 맞을 것이고 미래 또한 점차적으로 밝아질 것이다.

덧붙여서 개인적으로 자기가 가장 행복하고 편안했던 일을 찾아서 개별적인 자유 규칙을 만들어 보기를 권한다. 특별한 날에 본인만을 위한 성대한 만찬을 즐기는 것도 괜찮은 방법일 것이다. 굴절된 주변 상황에 반응하지 않으며 삶의 중압감으로부터 나를 보존하고 오염되지 않은 에너지를 받아들이는 시간을 자주 가짐으로써 자유가 활성화 되는 경험들을 만끽하기를 권한다. 또한 건강을 최고의 덕목으로 생각하고 매일 조금씩이라도 규칙적인 운동을 할 것을 제안한다. 그밖에 언제든지 떠나고 싶을 때 떠날 수 있게 그리움과 설렘이 충만한 좋은 여행지를 항상 물색해두라는 조언도 해주고 싶다.

인생

인 생 은 한 권 의 책 과 같 다 .

어리석은 인간은 그것을 마구 넘겨 버리지만,

현명한 인간은 열심히 읽는다.

단 한 번밖에 인생을

읽지 못한다는 것을 알고 있기 때문이다.

_상 파울

인생은 탐험이다

신라 48대 경문왕이 귀가 크게 자라기 시작하여 나중에는 보기 흉할 정도가 되었다. 이에 복두장을 불러 큰 귀를 덮는 두건을 만들게 했는데 귀가 커질수록 두건도 커지게 되었다. 그 비밀이 병이 되어 복두장은 죽을 때가 이르러서야 대나무 밭에 가서 우리 임금님 귀는 당나귀 귀라고 외치고는 후련함을 느꼈다. 그런데 그때부터 대나무 숲에 바람이 불면 우리 임금님 귀는 당나귀 귀라는 소리가 들려왔다. 왕은 백성들이 들을까 염려하여 대나무를 모두 베어버리고는 산수유를 심었다. 산수유나무가 어느 정도 자라자 다시 우리 임금님 귀는 길다는 소리가 바람이 불면 일어났다. 화가 난 임금님은 고심 끝에 산수유를 베어내고서 아름다운 꽃들과 귀한 나무들로 정원을 꾸며놓았다. 꽃들은 임금님 귀에 대한 사실을 떠벌이면 자기들의 이미지가 손상될까 봐 입을 다문 탓에 사람들은 더 이상 그 소리를 듣지 않게 되었다.

인간의 성품은 견고한 듯하면서도 작은 자극에도 쉬이 흔들리고는 이내 뒤돌아서서 후회하는 나약함을 지녔다. 또한 인생의 모든 순간을 군자로 살아낼 수도 없는 노릇이다. 자기 몫의 삶을 살아가는 과정에서 겪게 되는 다양한 관계들과 감정 변화 때문에 갈등과 고뇌가 뒤따른다. 부침이 많고 삶의 양태가 복잡다단한 현대인들에게는 그 정도도 계속해서 커져간다. 자기 내면의 자유를 찾는다는 것은 어쩌면 이상적인 경지를 얘기하는 것일 수도 있다.

현실을 살아가는 개개인들은 고쳐 쓴 우화의 어떤 부분을 차지하고 있을까. 임금님일까, 복두장일까, 대나무나 산수유일까, 아니면 정원의 꽃들일까. 인간은 그것들의 조합으로 살아가지만 가장 많은 변용의 모습은 소리로 존재한다. 인간은 이 모든 마음들의 소리를 통해 존재한다. 임금님의 도덕률과 복두장의 변덕과 대나무의 수다와 산수유의 관습과 꽃들의 침묵으로 순간순간을 살아간다.

개인은 특정한 면에서는 뛰어나지만 어떤 면에서는 부족한 능력과 인성을 통해서 자기를 창출하고 인생을 버텨낸다. 세상과의 투쟁에서 자기를 지키는 것이 중요하기에 보다 단단한 갑옷을 준비하게 됨으로써 자기 안전과 더불어 경직성도 경험한다. 20세기 가장 완전한 인격이라고 불리는 체 게바라 또한 개인적 슬픔과 고뇌는 따로 존재했을 것이다. 게다가 의도는 순수할지라도 방향이 마음먹은

대로 정해지는 것도 아니다.

황금이었으면 좋았을 크기의 큰 돌멩이들을 굵은 어레미로 걸러내고 잔모래 속에서 좁쌀만 한 사금을 찾아내는 것이 인생일지 모른다. 먹고사는 문제를 해결하면서 개인의 주체적 자아도 정립하고 관계 속에서 따뜻함도 느껴야 한다. 무엇보다 근본적인 인간의 외로움을 희석해 나가는 과정에서 스스로 자유로운 상태도 경험해야 한다. 현대인들의 고독과 불안 해소에 대한 욕구는 전쟁터에서 살아남기 위해 애쓰는 치열함과 별반 다를 바가 없다.

알게 모르게 우리는 시대를 통해서 강박증을 경험하는 것이다. 비교하고 싶지 않아도 눈에 보이는 것과 귀로 듣는 것들을 통해 왜소함과 조급증과 열등감을 느끼게 된다. 적당히 내려놓으라고 말을 하지만 그게 말처럼 쉬운 것도 아니다. 엎친 데 덮친 격으로 서서히 나의 능력이 소진되는 시기가 도래한다. 가족들은 내게서 멀어져가고 나는 외롭게 세계와의 투쟁을 시작해야 한다. 인생의 2막이란 자기의 삶을 추도하라는 시대의 조언일 수도 있다. 사람은 자기 균형이 무너지면 병이 생기게 되어있다. 마음 공부나 자기 찾기라는 것도 치유의 일종이다. 자기 삶의 연장선에서 중심을 잃지 않고 나아가는 데에 필요한 것이 바로 자유라는 형식의 위로이다. 여기에는 조건이 따라붙는데 자기만의 시간과 공간과 할 일이 있어야 한다.

자유를 논하면서 특히 말을 강조한 이유는 인간의 자유는 말로부터 소리로부터 언어로부터 배태되는 특징을 갖고 있어서다. 인간은 자기가 말한 대로 행동하는 경향이 있음으로 자신을 구속한다. 격률에 위배되지 않으면서 자유롭게 내는 소리는 여행자의 소리다. 인간의 목적지가 자유라면 인생은 탐험일 것이다.

세계의 변화가 실제 내 삶의 변화로 다가오는 시간이 즉시적이다 보니 개인이 느끼는 당혹감도 매우 크다. 혼자서 투덜댐을 멈추고 자기를 위한 즐거운 자유의 길을 모색해야 할 시기이다. 그 과정에서 내가 사랑했던 사람들에게 향하는 고마움도 새롭게 와 닿을 것이다. 그들이 있음으로 해서 내 삶은 삶다웠기 때문이다. 또한 부족한 사랑에 대하여 서운해 하지 않고 받은 사랑에 대해서 꾸준히 감사하는 마음도 생성된다. 세상에 무결점 사랑은 없는 것이니까. 그걸 느낄 수 있는 것이 열림이다. 인생은 믿고 싶은 것들을 믿음으로써 지탱된다. 그러나 대부분의 관념이 무지개에 가까운 것이라는 것을 시간이 지난 후에야 알아차리게 된다. 의미는 수단일 뿐 진실은 살아가는 것 자체에 있을지도 모른다. 자기를 버티게 하는 힘은 자기애인데 오만함과 나약함은 늘 경계해야 한다. 자신이 부족할지라도 혹은 특출할지라도 현실의 기회와 타인에게 손을 내미는 것이 우선이다. 담대하면서 인간적인 것을 잃지 않고 무엇보다 진정한 자기와의 소통을 향해 꾸준히 나아가야 한다. 인생이 여행인지 유배인지는 스스로 선택하는 것이다.

언어

가혹하고 부정적 뜻이

함축된 증상의 말들을 피하라.

언어란 사고의 토대이고

사 고 는 감 정 의 영 역 이 다 .

그러므로 올바른 말을 선택하면

상황에 따른 상대방의 반작용을

실질적으로 감소시킬 수 있다.

_데이비드 J. 리버만

나 를
안 아 줄
시간이다

고독한 자신을 위로해줄 사랑, 그리고 자유
나를 안아줄 시간이다

초판 1쇄 인쇄 | 2021년 6월 10일
초판 1쇄 발행 | 2021년 6월 21일

지은이 | 홍시율
펴낸이 | 전준석
펴낸곳 | 시크릿하우스
주소 | 서울특별시 마포구 독막로3길 51, 402호
대표전화 | 02-6339-0117
팩스 | 02-304-9122
이메일 | secret@jstone.biz
블로그 | blog.naver.com/jstone2018
페이스북 | @secrethouse2018
인스타그램 | @secrethouse_book
출판등록 | 2018년 10월 1일 제2019-000001호

ISBN 979-11-90259-74-3 03100